季刊 子どもと本 第一八一号 目次

JN220353

ルーマー・ゴッデン

青木祥子

ルーマー・ゴッデンの、あの情熱はどこからくるのだろう? 文章に熱さが感じられます。今号で取りあげた『木曜生まれの子どもたち』を読んであらためて感じたことでした。そこで、ゴッデンが八十歳の時に著した自伝『A Time to Dance, No Time to Weep』―「踊る時で泣いてる暇なんかない」一九八七年、邦訳なし)を少し読んでみました。

序文は、「ジョンとわたしは、プリマスの埠頭に立って、インドからわたしたちを運んできた定期船から荷物が税関に下ろされるのを見ていた。一九二〇年三月、海から身を切るような風が吹くデボン州の朝は、冷え冷えとして灰色だった。すべてが湿っていて色がなく、わたしたちは骨の髄まで冷え切り――寒さだけでなく、すでにイギリスを味わっていた」と、始まります。このとき、ルーマーは十二歳、姉のジョンは十三歳。父親の仕事の関係で、子ども時代をインドで過ごした姉妹がイギリスに到着したときの情景です。当時、インド暮らしのイギリス人の子どもは、五歳か六歳で教育のため、インド訛りを直すために〝本国《ホーム》〟に送り帰されるのが常でした。親も子どももどんなに悲痛な思いをしようとも。ルーマーとジョンもそうされたのですが(ルーマー五歳、ジョン六歳の時)、十八か月後に第一次世界大戦が始まり、親戚の家とはいえ、女の子たちをロンドンに残しておくに忍びず、インドに呼び戻されたのでした。何百万人もの命が失われた恐ろしい世界大戦が、二人の少女の幸福を取り戻したのです。「そして、わたしたちは刑の執行を猶予され、インドの太陽の下で五年間の幸せな生活を送った」とあるように、七歳から十二歳までのこの五年間を、ルーマーは「ハルシオンの時」と呼ぶのが好きでした。ハルシオンとは、カワセミと同一視されている伝説上の鳥で、冬至頃の二週間に海上に浮巣を作り風波を静めて卵を孵すと想像されていた鳥のことで、ハルシオンの時といえば、黄金時代を指します。

父親は、インドで最も古い内陸航行蒸気船の会社で勤務し大河の航行を担当していたので、戻ってきてからの五年間のほとんどは、都市部ではなく、ベンガル州のナーラーヤンガンジという辺鄙な小さな町で過ごしました。

……インドではすべての川は一つだった。実際、すべての水、村の池、たらいの水でさえ、母なるガンジス河――ガンガ・マ――であり、神聖なのだ。わたしたちのメグナ川は、巨大な天空の下で、地平線まで平らに広がる泥の土手と白砂の間を流れていた。もし、わたしたち子どもが宇宙の感覚を持って育ったとしたら、それはあの空だった。

(『A Time to Dance, No Time to Weep』青木祥子訳)

そして、「実際的な両親を持っていなかったことに感謝している」というように、ファ(父さん)とマム(母さん)は、三月から十月にかけて子どもと母親が避暑地に移動する際、実際的な両親なら近くの涼しい高原地帯を選んで同じ学校に通わせるのが普通なのに、毎年、場所を変えたのでインド各地を楽しんだのでした。

ルーマーは四人姉妹の上から二番目で、姉のジョンとは十四か月しか違っていなかったので、双生児のように仲好しでした。けれども、姉はハンサムなファによく似た美人で、下のナンシーとローズも愛らしい女の子になります。が、ルーマーだけが少し違っていました（写真を見ると美しい人ですが）。あるとき、ファが独り言のように「あの子はどこであの顔をもらってきたんだろう?」と、つぶやきます。

……今となっては、ただポロッと口から出ただけだったことはわかるが、わたしは聞いた。そして、わたしたちが椅子から下りることを許されたとき、外に出て庭のカンナの間で泣いた。カンナはわたしの背より高く、ひざまずくと、その鮮やかな色がわたしを嘲笑っているようだった。
……その後、高校での演劇で、ジェーン・エアの役を外された。わたしの鼻がジェーン・エアには大きすぎると指摘されたからだ。つけ加えると、言いだした女の子がその役を獲得したのだが……。一番悲しかったのは、ファの発言のあとしばらく、わたしがファを憎んだことだった。（前掲書）

最も近しい姉に対するこの劣等感は、思春期にとても大きな問題となります。それは本誌第一四六号で取りあげた『すもの夏』で痛いように描かれています。

とはいえ、インドの美しさ、広大さ、自由さは、ルーマーの想像力を育んだことでしょう。

わたしたちは、シンデ砂漠の焼け付くような乾燥地帯を旅し、雪の頂上を臨むヒマラヤに住み、都市も土壁の村も見た。カシミールではリンドウやエーデルワイスを摘み、自分の庭では、ハイビスカス、アマリリス、ブーゲンビリアを摘んだ。ヤシの木、ジャングルのトゲの木、香りのよい彫刻のような花を咲かせる寺院のプルメリア、モモ、プラム、サクラの他に、フラミンゴ、孔雀、チャバラカッコウ、ヒヨドリ、ヤツガシラなどの鳥のことも知っていた。（前掲書）

このように日々の生活環境も美しいものでした。その地域ではもっとも大きかった家は長方形で、屋根は平らで、ここで凧揚げをしました。

……色紙と上質な竹で作られるインドの凧は、蝶のように鮮やかで蝶のように軽い。凧が回転しながら舞い上がると、凧糸が握っている竹のローラーから繰り出されて、それが手に伝わってわくわくする。わたしたちは、他の凧に負けないよう挑戦するために、小麦粉の糊と磨りガラスの粉を混ぜたものを凧糸に塗り、凧を上下に激しく揺らしながら「ダリ、ダリ、ダリ」と雄叫びを上げた。（前掲書）

広い家と庭。その庭は祖国を離れた人にとって、イギリスを思わせると同時に、近隣の不潔さを振り払うものでもあり、カーストの高いインド人の庭師が雇われてそれは見事な庭が造られたのでした。

　使用人たちとの関係にも興味をそそられます。


……インドでは、イギリス本国と同様に、貴族階級は言うまでもなく、中流階級の人びとは奉公人を雇うのを当然のことと考えていた。雇う側も雇われる側も、奉公を屈辱的なものとはみなしていなかった。一九一四年のインドでは、イギリスの家庭に信頼される召使であることは特権であり、羨望の的となり、安全を保証されるものだった。ときには、一方に傲慢さが、他方に恨みがあることは間違いないが、インドにいた人びとの回想録や自伝には、日常生活を助けてくれる人びとに対する尊敬と好意が本物であることも記されている。家族と召使は密接に暮らし、規則や日課は注意深く守られていたが、お互いの間には一種の親密さが育まれていた。そして、イギリス人の子どもたちにとって、特にゴッデン家のような気楽な家庭では、使用人は最初の親友だった。（『Rumer Godden : A Storyteller's Life』「ルーマー・ゴッデン　あるストーリーテラーの人生」アン・チザム著、一九九八年、邦訳なし）

威厳のある乳母に、さまざまな仕事をする男性の使用人。たった六人の家族を世話するのに十五人もの使用人がいたのですから、後にルーマーが書いているように、「プリンセスの資質——自分たちは特別で、他の人は自分たちがしたいようにしてくれるべきだという思いこみ」を身につけたのも仕方のないことでしょう。凧作りなどの遊びにもつきあってくれて仲好くしていましたが、時にはインド人とイギリス人の溝が露呈することもありました。あるとき、ルーマーが、庭師長ゴビンドに彼の神の名前を言ってからかったらおもしろかろうと思いつき実行すると、ゴビンドが激怒したので、ルーマーは恥ずかしい思いをします。そして、

……父親はルーマーを書斎へ呼び、ゴビンドに謝らせ、常にすべての宗教を尊重しなければならないと告げた。これは決して忘れられない教訓となった。（前掲書）

ルーマーのファは、狩りに情熱を燃やすスポーツマンで、とくに知識人というわけではありませんでしたが、インド人を尊重していました。それは、ルーマーのインド人の見方に大きく影響を与えたことでしょう。そして、さまざまな宗教（イスラム教徒の給仕、キリスト教徒の乳母、仏教徒の運び人、ヒンドゥー教徒の庭師）とごく自然に接していたので、ルーマーは「宗教に境目があるとは知らなかった」と書いています。「インドはあまりにも広く多様なので、誰も——インド人でさえも——すべてに通じることはできず、ただ意味をつかむのであり、それは全くちがうことだった」

　そして、使用人や近所のインド人の醜悪な面も見聞きしたルーマーとジョンでした（使用人と親しくしていたために、両親よりもよく知っていました）。

　インドのこの広大さにくわえて、冒険好きで陽気で高潔な精神の持ち主のファが大黒柱のゴッデン家では、子どもたちはかなり自由に冒険をしながら育ちました。その上、「プリンセスの資質」も身につけてしまっているのですから、冒頭の一九二〇年に、十二歳でイギリスに戻ったときの苦労は並

大抵ではありませんでした。思春期にさしかかった年頃で戻ってくるのと、五、六歳で戻ってくるのとでは、天地の差でしょう。その上に、帰ってきたら、インドで奔放に暮らした気質を矯正するために厳しくしつけられなくてはいけない(特にジョン)という祖母の意向もあって、英国国教会の中でも特に厳格な会派の修道院学校の寄宿舎に入れられてしまいます。

引用している自伝の中で、この寄宿舎の時期の章は「小さな魚たち」と題されています。それは、冒頭の

学校に行く直前に撮られたジョンとわたしのカラー写真がある。

カメラマンがわたしたちの頭をそっとくっつけた――当時はそれが姉妹のポーズだった。そして、わたしたちは頬を寄せ合い、髪が長すぎて目を大きく開いた、やせっぽちの小さな二人の女の子として写っている。ジョンの目は、……雄弁で誠実で、その目は、その目に従って生きるように促していたが、写真では、わたしたちの目はまるで驚いているようで、口が少し開いていて、二匹の小さな魚が息を切らしているように見える。(『A Time to Dnace, No Time to Weep』)

ここから取られています。まるで心地よい水から引き上げられて息ができない魚のようです。送ってくれたマムが帰ったあと、寒さと涙で腫れあがった顔で入っていった学校では、

わたしたちは、一週間で、他のどの女子生徒よりも多くの罰を受けた。口答えしたり、時間を守らなかったり、整理整頓ができなかったりして罰を受け、ついには修道院長のシスター・ガートルードのところへ連れていかれた。「すべてのことには、適した場所と時間があり、すべてのことには適したやり方があるということを学ばなければなりません」と、シスター・ガートルードはいった。

それ以来、多くの校長に会ってきた――中には畏敬の念を抱かせる人もいた――が、シスター・ガートルードほど、使い古した言葉の意味でひどい校長には会ったことがない。修道女が傲慢で不親切だと思うのは妙なことだが、その両方だった。「何事にも時と場所がある」と、シスター・ガートルードはいった。

ジョンは、真摯で思慮深い目でシスターを見た。「でも、場所を覚えるには時間がかかります」と、ジョンはいった。

ジョンは、わたしより多くの罰を受けた。それはひとえに、ジョンが自分の育ち方に忠実で、より正直だったからだ。わたしはトラブルを避ける方法を見つけ、ジョンを助けようとしたが、許されることではなかった。(前掲書)

生徒みんなが外出するときは、マドレーヌのように二列になって歩きましたが、ジョンとルーマーには相手になる子がいなくて、ジョンはシスターか爪弾きにされていた中国人の女の子、ルーマーは、シスター・ガートルードに目の敵にされていた虚弱なフローレンスとでした。全く話さないフローレンスが好きになったルーマーは、インドでの話をするようになります。すると、その話がおもしろいのでクラスの他の子

も周りに集まってくるようになります。王、象、象に乗るための輿、使用人、カレー、トラ、ヘビ……おもしろいに決まっていますが、シスターに見とがめられ、そんな話は嘘だと決めつけられて、嘘つきの証拠にクラスバッジを逆さにつけるよう言われます。

「人はみんな嘘をつきます」と、ジョンはいい、自分も逆さまにバッジを着けた。そうしてはいけないといわれても着けたので、シスター・ガートルードのところへ送られた。

「この精神は打ち砕かれなければならない」と、シスター・ガートルードは宣告し、誇り高く成熟しているジョンに、下級生と一緒に寝るように言い渡した。（前掲書）

この本の始まる前の扉裏に、ルーマーはこう書いています。

この本は、若い作家としてのわたしの人生です。わたしにとって、そしてわたしの穏やかな人生そのものが物語であり、わたしたちはそれを物語として語らなければなりません――それがわたしに下りてきた形なのです。わたしは本当のことを語りました、本当のことだけを。でも、本当のことのすべてではありません。それは不可能だからです。（前掲書）

事実と真実のちがい、事実と物語のちがいを、稀代のストーリーテラーが説明しているように思います。

他の生徒から分け隔てられただけでなく、ジョンのマラリアも怠け心とみなされました。そして、インドの暮らしとは全く違う味気ない食事で、二人は、特にジョンは痩せ細り、インドにいて窮状をなかなか理解してくれなかった両親が、とうとう友人をよこしてくれたときには、その人は、

……わたしたちの容姿、とくにジョンの容姿だが、痩せ細った姿、咳、惨めなうつろな目つきにとてもショックを受けて、母に電話をして翌日には連れ出してくれた。

タクシーがやってきた。青空と太陽が輝く十二月初旬の完璧な日だった。タイヤの下では落ち葉がパチパチと音を立て、冬の色彩とクモの巣が露でキラキラと輝いていた。まるで馬車に乗って天国へ連れていかれるようで、タクシーの運転手が天使のようだった。

……

わたしは、シスター・ガートルードがジョンにしたことに対して、子どものような憎しみで憎んだ。その憎しみは抑えきれないほどの激しい憎しみだった。「いつか、あなたについての本を書く」と、とても陰険な気持ちで思った。……

……シスター・アイリーンが定期的にわたしたちのロッカーを調べていたので、わたしはメモを残すことさえできなかったが、すべての瞬間を心に刻んだ。でも、その考えが一巡して、修道女についての本『黒水仙』を書いたとき、不思議なことに、この復讐を果たすことはできなかった。

（前掲書）

冒頭の埠頭に降り立ったのが三月ですから、八か月くらいこ

こにいたのでしょうか。その後の四年余の間に四つもの学校に行っています。さまざまなことがあったのでしょう。

でも、最後の学校、モイラ・ハウス・スクールでは、運命的な出会いがありました。ジョンは才能を認められて美術学校へ進学したので、この学校には一人で行かされることになるのですが、制服もなく、歴史もイギリスのだけでなく世界の歴史を学び、開放的で新しい試みを取り入れていました。各学期ごとに、エジプト学期、ギリシア学期というように、学校中の様子が変わり、それぞれの歴史、文学、美術、建築、哲学を学び、劇をする、という風でした。自分は学ぶことが好きなのだと気づき、もう学校を好きになることなどないだろうと思っていたルーマーの印象が変わります。それでもやはり部外者という色はつけられましたが、先生にではなく生徒たちにでした。一番下の妹ローズはまだ小学生でしたが、同じこの学校に通い、血だらけになるほど虐められたこともありました。

ルーマーに転機が訪れたのは、入学してわずか二週間経ったときでした。階段で副校長のモナ・スワン先生に出会ったとき、自分の時間を使って詩を書くことがあるかと尋ねられます。ルーマーは十五歳らしく自信たっぷりに「あります」と答えたのでした。その頃のことを後年スワン先生は、こう書いています。

> いちばん下のローズは馬を熱愛しているが、十五歳のルーマーはもっと問題かもしれない。彼女はすでにいくつかの学校で不適合だった。少し不安を感じながら、わたしのクラスになるだろうと思っていた。……それは季節に関するありふれた国語の課題だった。いつもの平凡な成果の山に目を通していると、ありふれたものとはほど遠いものを見つけた。ルーマーは、季節の移り変わりを敏感に感じ取ったインディアンの話として創作していた。どうしてそのアイデアが浮かんだのかを尋ねると、「自然に浮かんだのです」と答えた。ルーマーの作品をさらに読むと、並外れた才能があるという、最初の評価を確信するに至った。もし、わたしが正しければ、わたしたちは二人とも課題に直面していることになる。ルーマーが目標を達成するには、作家としての技術の基本の修練を積み、それに従うだけの謙虚さと強い意志が必要だろう。彼女の作品を輝かせている創造的なひらめきを損なうことなく、そういうことを伝えて馴れさせることができるだろうか？（前掲書）

きっとできると判断したスワン先生は、数日後に、文学、歴史、フランス語、音楽だけを履修し、数学や科学の授業を省いて、その代わりに、自分と個人的に文章の練習をしたいか、と尋ねました。

> したいか、ですって？　天国が開いたとしても、これ以上の驚きと高揚感は得られなかっただろう。あまりにも有頂天になった。そのとき、思ったのだ。わたしの物語を本当に評価してくれる人がここにいる！　と。（前掲書）

言葉の無駄遣いを抑えるために考えられることはすべてした、というスワン先生。ルーマーは自発的に草稿を何度も書き直し、どんな容赦のない批判でも議論をし、貪欲に学びました。想像もしなかった幸せな二年間は、あっという間に過ぎ、この時期を振り返ってスワン先生はこう書いています。

ルーマーと過ごした時間は、わたしの教師人生でもっともやりがいのある仕事の一つとなった。作家としても人としても、新進作家の進化を観察できる貴重な機会だった。ルーマーは学校を去るまで毎週、わたしの厳しい課題をこなし、決してわたしを裏切ることはなかった。（前掲書）

「これを読んで涙が出た」と、ルーマーは書いています。

この二年の間に、美しい少女に恋い焦がれたり、ある夏には、十八歳のジョンにほとほと手を焼いたマムは、娘たち四人を連れてフランスで休暇を過ごすと宣言します。ルーマーは息が止まるほど喜びますが、マムは、「わたしたちはフランスの戦場に行くのよ。あなたたちのために命を捧げた若者たちの、何列も何列も並んだ十字架を見たら、立ち止まって自分の利己主義について考えるようになるかもしれないわ」と、断固とした決意です。が、行路の途中でアブに噛まれたところが化膿して、ようようフランスのホテルには着いたもののずっと寝込むことになります。行楽地での解放的なホテルの暮らし、しかも夏、しかもお目付役のマムは動けない、ということで、思春期の十八歳のジョンと十六歳のルーシーは、胸の高鳴るとろけるような経験をし（特にジョンが）、大人の世界のさまざまなことに巻き込まれます。ほとんど『すももの夏』の通りです。そして、ジョンは一気に大人になり、ルーマーはとても距離を感じます（この頃の十四か月の差は大きな違いでしょう）。

スワン先生との充実した二年間は、驚くほどに早く過ぎ、ファが数年間インドで一人暮らしをしていたので、マムはインドに帰ることになり、学校に通う必要があったナンシーとローズは残り、十七歳のルーマーと十九歳のジョンが一緒に戻ることになりました。ジョンは美術学校に未練がないようでしたし、ルーマーはインドに焦がれていました。でも、インドのナーラーヤンガンジに戻ると、かつての輝きは感じられませんでした。

けれども、インドのあちらこちらを旅するうちに、再びインドの美しさ、複雑さ、力強さに魅了されていきます。アッサム、デリーの都会、ジャングルでのキャンプ……。

わたしにとって歴史は、生き生きした今のデリーとはくらべものにならない。特に旧市街が好きだった。迷路のような狭い通りや路地は人びとで沸き返り、裸の赤ん坊が溝で、ヤギや痩せた牛や鶏たちに混じって遊んでいた。聖なる牡牛が群衆の中をうろつき、正面が開けっぱなしの食料品店では勝手に穀物や菓子を食べていた。わたしは、この喧噪が好きだった。自転車のベル、もっと甲高い人力車のベル、ひっきりなしに鳴る車のクラクション、羽根飾りやビーズの頭飾りを着けた馬にひかせた二輪馬車のトンガ族の運転手たちの叫び声、露天商の呼び声、物乞いの哀れっぽい声。空気は、叫び声、泣き声、笑い声で満ちていた。料理の匂いも好きだった。人間や動物の汗の臭いと、そしていつも汚水の悪臭も混ざっている、マスタード油で揚げる匂いさえも。（前掲書）

しかし、どんなに優雅な生活でも、十八歳が十九歳になり、十九歳が二十歳になるだけで、自分自身を見つけることができずにいた時、名づけ親が残してくれたいくばくかの遺産で、イギリスに戻ってダンスの教師になる訓練を受けることにします。マムがダンスに魅了されていたので、ゴッデン家の姉妹たちは、イギリスでもインドでも、ダンスを習っていたのですが、ルーマーは、七歳のときにブランコから落ちた怪我で、脊椎に支障を来して踊れなくなり、インドでは原因がわからないまま、五年後にイギリスで治療を受けたときには手遅れでした。が、優れた療法士との出会いにより、それと共に生きる術を学び、他人にはわからないほどになります。そして、その療法士に体を動かすことをしたほうがいいと勧められたこともあって、ダンスの教師になる訓練を受けることにします。ロンドンで、魅力的なマダム・ヴァンダイクに出会い、そのダンス学校に寄宿して習うことになります。見かけなど気にしないマダムの家は、大きいけれど古くて設備はみすぼらしかったにもかかわらず、毎日の進歩がうれしくて、心と視野が不運な体とともに広がっていくのを感じながら痛みや苦しみに屈することなく、新たな発見をしていきます。才能あるマダム・ヴァンダイクが、本当に見込みのある生徒が去った時、三日間寝込む姿も目にします。

そして、自分が教師に向いていることも発見し、社交ダンスのダンサーとしても開眼し、資格をもつ教師となります。

そしてインドに戻り、二〇歳の時にカルカッタでダンス学校を開くのです。

……わたしは、普通の子どもたちに踊ることの喜びを得る機会を与えたいだけで、十歳や十一歳以上の子どもに教えることなど望んでいなかった。祭りや儀式や礼拝において、普通の人が昔から踊り、生活にリズムと動き、活力と暖かさをもたらしてきたように、踊りを使いたかった。わたしは、内気な子どもたちがダンスによって変貌を遂げ、抑制されていた子どもたちが解放され、さらに姿勢や足の欠点が改善したり治癒するのを見てきた。しかし、もし、わたしが教えるのであれば、それは嘘のないもの——つまり〝正直なダンス〟と呼べるものでなければならないとわかっていた。（前掲書）

家族と別れてカルカッタでスタジオに適した家を捜し、軌道に乗るまでに二年がかかりますが、バレエの基礎だけを教えて、初めての独立した生活を送ることになります。ピアニスト捜しに苦労したりしますが、最初の数年間は、初めは反対していたファが支援してくれました。ファが心配していた苦労はお金だけではありませんでした。当時のカルカッタでは、良家の子女は、働いたり生計を立てようなどとはしないもので、お金を稼ぐ、しかもバレエだなんて、という風潮がありました。当時のダンス学校はほぼすべて、ヨーロッパとインドの混血人が経営していたからです。そして、ルーマーは、どんな階層の子どもでも受けいれたので、いままでの友人たちからも敬遠されます。「もしわたしが〝よい子〟——イギリス人であろうとインド人であろうと——だけを教えていたら、これほどひどいことにはならなかっただろう」

ダンス学校は一九三一年までの三年間で終わることになるのですが、その間、数百人の子どもを教えた中で、「傑出した真の才能」を持っていた子は一人だけだったといいます。その子の踊りを見たカルカッタの文化財団の面々は、彼女と母親をロンドンに送り、訓練を受けさせ、手配や費用などをすべて負担するために、私費の募金を集めたのですが、アイルランド人の父親の無理解によって実現せず、インド人の母親はただ従うばかりでした。

この子のように生徒のほとんどは混血の子で、さまざまな子が入ってくる中で、ある日、孫を連れてきたおばあさんがいました。それも気を遣って時間外に。シャイだからと言い訳していましたが、その理由はよくわかるルーマーでした。

彼女は灰色がかった黒の縞模様の綿のドレスを着て、形のない塊のようだった。脇の下には汗の跡があり、痛々しいほど腫れ上がった脚は裸足で、黒い中国製のスリッパを履いていた。薄く灰色の髪はきつく引っ詰められ、顔はクルミの殻のように色白で、殻のように皺が寄っていたが、わたしが今まで見た中で最も愛らしく、優しい顔の一つだった。孫のほうは、青白い顔をした小さな男の子で、とても痩せていてほとんど透明みたいだった。目は薄い灰色で深く窪み、髪は短く刈られていた。男の子は何もいわず、祖母からわたし、わたしから祖母へと目を移した。サンダルの中で、小さなホコリまみれのつま先が緊張して丸まっているのが見えた。「男の子も踊ったりできるでしょうか？」と、おばあさんは尋ねて、男の子を前に押し出した。「この子は踊りたがっているんです、そうでしょ、トーマス？」トーマスは床を見つめるばかりだったが、その小さな顔には輝くような笑みが浮かんだ。（前掲書）

引き受けていいだろうか、と少し迷います。他の子や母親たちが離れていかないだろうかと。

……結局、他の子を失うことはなかった。おばあさんは気を利かせて……清潔な服を着た下男にトーマスを連れてこさせた。そして、わたしは後悔することはなかった。なぜなら、トーマスは、こうしたインドの虚弱な子どもの多くと同様、八歳の時に微熱で亡くなったからだ。少なくとも、大好きだったダンスを二年間は続けることができた。（前掲書）

今号で取りあげた『木曜生まれの子どもたち』の初めに、この本を書くにあたり快く協力してくれたバレエ関係者への謝辞のページがあり、「この作品に出てくるすべての人物は、想像上の存在です——ただ一人をのぞいて」とゴッデンは結んでいるので、誰なのだろう？　と思っていましたが、ひょっとしたらこの男の子でしょうか。いえ、そう考えたいけれど、モデルではあってもちがうでしょう。才能があるが故に、凡庸な生徒たちに耐える忍耐を強いられた、ダンス学校の魔力的な教師マダム・ヴァンダイクのような気もします。

A Time to Dance, No Time to Weep
by Rumer Godden, 1987, Macmillan

リストに加えたい本

創刊号以来の「子どもの好きな本のリスト」は、第三十九号まではおおよそ子どもたちが読んでいく順にとりあげていますが、それ以降は順不動に加えていきたい本をとりあげています。

木曜生まれの子どもたち 上下

ルーマー・ゴッデン＝作
脇 明子＝訳
岩波少年文庫――上・本体八八〇円＋税、下・八三〇円＋税

久しぶりに読み終わるのが惜しくてゆっくり読んだ本でした。

四月二日の毎日新聞に掲載されていた「漱石と倫敦」の記事で、日本文学研究者のダミアン・フラナガン教授は、漱石の偉大さを語る中で、「ある作家が優れているかどうかを知りたければ、その本の適当なページをどこでもいいから開いて数行読むといい。私は子どもたちにいつもそう話しているが、漱石作品はどのページにも素晴らしい言葉がある」という箇所がありましたが、ルーマー・ゴッデンのこの本も正にそういう風に感じられました。

この本は、本誌第四十九号で取りあげた『バレエダンサー 上下』（渡辺南都子訳、偕成社、一九九七年）の新訳です。幼い男の子ドゥーイと、その姉クリスタルの二人が主人公で、性格も才能も全くちがう二人がバレエで開花していくドラマティックな小説です。

まず、登場人物がすべて独創的です。八百屋を営むこの一家には、男の子が四人続いて生まれたあとに、マ（母さん）待望の女の子が生まれました。この子が、金髪の巻き毛で紫に見えるほどの濃い青い目という美しい子で、マがすべてを注ぎ込んで特別に大事に育て自分の夢も託した、わがまま放題のクリスタル。もう子どもは充分と思っていた二年後に生まれた弟ドゥーイは、生まれてから誰からも忘れられているような存在でした。そのドゥーイをよちよち歩きの頃からただ一人気遣ったのが下働きのベッポ。ベッポはもと軽業師だったので、だんだんドゥーイに宙返りなどを教えるようになりますが、その呑み込みの早さは目を見張るようでした。

マご自慢の娘クリスタルは、幼い時からバレエ学校に通います。そして、昔は華やかな時があったことを偲ばせるバレエ学校の先生マダム・タマラは、クリスタルを特別扱いすることを押しつけてくるマの強引さに辟易します。月謝を得るためにバレエに対する自分の信念を曲げざるを得ないこのマダムのよき理解者が、年取ったピアニストのフェリクスさん。心から音楽を愛しているフェリクスさんは、誰も面

倒を見る人がいないので仕方なくクリスタルと一緒にバレエ学校に連れてこられて見学しているドゥーイが、女の子たちの技術の差を鋭く見分け、音楽の才もあることをすぐに見抜き、個人的に無償でピアノを教えます。

　このようにドゥーイの飛び抜けた能力が、次第次第に才能のある人の目に留まり、家族の誰も――パ（父さん）にとっては男の子にバレエを習わせるなんて問題外でした――思いもしなかったバレエの世界の高みへ飛び立っていきます。後半は、バレエの世界で輝いている人たちとの出会いが語られますが、元はといえば、ベッポとフェリクスさんとの出会いから始まったといえるでしょう。

　踊ることだけを愛して熱中し幸福感に満たされるドゥーイは、周りのことを全く気にしないで、素直にまっすぐ進んでいきますが（パの反対や無理解に苦しむことはありましたが）、自分を愛しているクリスタルは、同じバレエの道を歩んでいても、嫉妬や憎悪に苦しみます。わかりあえる点がないように見えますが、二人はバレエのこと、踊りたいという気持ちではわかりあえるのでした。

新訳は、ゴッデンの独創的で繊細な言葉の使い方を極力活かしていて、必要以上にわかりやすくしてしまっている旧訳にくらべて正確で、そのために格段に熱量が上がりかつ人物の彫りが深くなっています。例えば、生まれて初めてマが王立劇場のバレエの公演を見にいくとき、いちばん大事にしているエメラルドとダイアモンドのネックレスを着けた場面。

〈新訳〉

……今夜、マは、いちばんいい花模様のドレスを着て、そのネックレスを身につけ、……その前に美容院へ行って、髪の染めなおしも、してもらっていた。「磨きあげた真鍮のようだな」と、パは言った。マがこんなふうにしているのを見るのが好きで、いまなお、きれい――押し出しがいい、と言ったほうが、よりぴったりだったが――であることを、ありがたいと思っていた。

〈旧訳〉

……今夜は、かあさんはいちばんいい花模様のドレスを着てそのネックレスをかけ、……美容院にいって、髪をセットしてもらっていた。「まるで、大金持ちの奥方のように見えるよ。」とうさんはいった。とうさんは、ふだんのままのかあさんがすきだったけど、いまでもかあさんがきれいなのを見るのは、とてもうれしかった。

マはかなりふっくらしているのです。

　翻訳をくらべるために、うちにある原書を開いてみると、表紙裏に懐かしい文字で感想が書いてある付箋がついていました。四年間アメリカで暮らした小学四年生の晶子ちゃんが文庫で書いてくれたものです（本誌第七十五号でインタビューに応じてもらいました）。そこには、「変わっていて、不思議な話でおもしろかったです。クリスタルやドゥーイやマの話に出てくるいろいろな人物を考えついたルーマー・ゴッデンがすごいなと思いました」とありました。ゴッデンの独創性、ぐんぐん惹きつけてこちらを離さない物語性、人物像の多彩さと深さをピタリと言い尽くしていると思いました。

　この本を最後まで読んだら、もう一度第一章を読むことをおすすめします。第一章の意味と、ドゥーイの悦びがとてもよくわかりますから。

メイジー・チェンのラストチャンス

リサ・イー＝作
代田亜香子＝訳
作品社――本体二二〇〇円＋税

著者は　中国系アメリカ人三世で、ロサンゼルスで育ちました。あとがきでこう書いています。

ロサンゼルスは人種のるつぼです。わたしは子どものころ、見た目のせいで人からじろじろ見られたことはありません。ところがのちにアジア人が少ない地域に引っ越すと、いきなり知らない人からきかれはじめました。「どこから来たの？」わたしが「ロサンゼルスです」と答えると、「そうではなくて、どこの国の出身？」ときいてくるのです。それ以前は、自分を中国系だと意識することはほとんどありませんでした。

この本の主人公の女の子メイジーもロサンゼルス育ちで、十一歳の夏休みを過ごすために、初めてオパ（祖父）とオマ（祖母）がチャイニーズ・レストランを営んでいる田舎町ラストチャンスにやってきて、同じ体験をします。初めて祖父母のところにやって来たのは、オパが病気になったからでした。これまで疎遠ではあっても、ママと祖父母は深い愛情で結ばれていて、メイジーもとても愛されています。病気を笑い飛ばすオパと、気遣っている様子を見せないでいるオマでした。

　そして、初めて行った祖父母の店「ゴールデン・パレス」での、お互いみんな知り合いである町の人間模様とともに、オパが、メイジーのひいひいおじいさんのラッキーの話をメイジーに語り始め、並行して進んでいきます。一八六〇年に中国から渡ってきたラッキーの波瀾万丈の人生は、サンフランシスコの金山目指してやってきたものの既にゴールド・ラッシュは終わっていて、ほとんどの中国移民同様に大陸横断鉄道の西側部分の命がけの苛酷な労働から始まります。

　他方、初っ端から好意的な、爽やかな少年ローガンにはドキドキし、初めて経験した意地悪女子のからかいに真っ向から立ち向かう、明るくウィットに富んだメイジーとともに、この町の人たちのことが最初の印象とちがってわかってきます。

　二メートルを超す店のマスコットのクマが盗まれて差別的な手紙が残されていたりして、いまだにアジア人を差別する人たちがいる一方、メイジーは、ミネソタ州の中国人のルーツを捜して修士論文にしようとしている大学院生と知り合い、その縁で「ゴールデン・パレス」に助けられた人の子孫と出会うことができたり、店のフォーチュン・クッキーの占いの文句を新しくして人気が出たり、絶交していたオパとその親友を仲直りさせます。夏休みの初めにはさまざまな計画がすべて消え去って落ち込んでいたメイジーですが、自分の後に続いた不法移民の同胞を助けたラッキーに連なるように、いろいろな人を結びつけられるかも、という充実感を味わいます。

　軽快なメイジーの語り口調で進む話と、差別と戦って子孫を残したラッキーの話が、物語の時空を広げて、硬軟織り交ぜた重層的な四代にわたる物語となっています。

『指輪物語』を読んでいく㉖

青木祥子

さて、オークたちがローハンの騎士たちに攻撃されたどさくさに紛れて逃げ出したメリーとピピンは、ロスローリエンのケレボルンに「ファンゴルンの森にはいりこむような冒険をしてはならない」といわれていたにもかかわらず、後方は戦いの場と化しているのですから、この森に逃げこむしかありませんでした。ここから第四章「木の鬚」となります。

森の奥へ奥へと進むにつれて、「木々は幾重にも重なり合ってどっちの方向を見てもその果ては灰色の薄明の中にまぎれていました」そして、まるで空気が希薄になったかのように息苦しくなってきます。オークが追いかけてくる様子はないので一休みしてから、少し先に見えてきた日の光が射しているところまで進み、目の前に現れた岩棚を登っていくと、森の全貌が上から見渡せる丘の上に出ました。ここまで苦労して来たわけですが、この森には古森のような悪意は感じられなかったので、ピピンが「……ぼく、もう少しでここが好きになるところだったんだけど」とつぶやくと、突然、

「もう少しでこの森が好きになるところだったとな！　そりゃけっこう！　なみなみならぬご厚意よ。」不思議な声がいいました。「こっちを向いて、顔を見せてくれぬか。わしはもう少しでお前さん方のことを嫌いになりかけておった。……」（『最新版　指輪物語3　二つの塔　上』瀬田貞二・田中明子訳、評論社、二〇二二年）

十四フィートも背丈があり、木皮の服を着ているのか地肌なのかという風で、長い顔からは灰色の顎髭が垂れ下がり、どう見ても年経た大木のような者でした。十四フィートというと四メートル以上もの高さですが、その目は「大昔からの記憶と悠長で不動の考えがいっぱいつまってる」ようで恐怖を感じさせはしなかったので、ピピンが「どなたですか?」と尋ねると、エント族で、名前（の一つ）は木の鬚だといいます。そして、ホビットたちを見て、自分が子どもの頃にならった種族のリストには出ていないといって、その覚え歌を唱えます。

いざ生き者の学《がく》をまなばん！
まずあぐるは、自由の民の四族の名前、
はじめに生《あ》れしが　エルフの子らよ。
次が穴掘りドワーフ、暗闇住まい。
三が土生《どしょう》のエント、山ほど古し。
四が定命の人間、馬を御《ぎょ》したり。
……
ビーバーはダム屋、牡鹿は跳ねや。
熊は　蜂追い、猪《しし》はつっかかりや、
犬は　腹すかし、兎はびくつき。
……
鷲は高巣に、牛は牧場に
角鹿、角たて、鷹は風切り、

白鳥ま白、蛇こそつめたき……（前掲書）

うといわれました。

「自由の民」（the free peoples）とは何でしょう。一番目がエルフ、二番目がドワーフ、三番目がエント、四番目が人間となっています。エルフと人間は、イルーヴァタール（唯一の者）の子らで、エルフをヴァラールたちに似せて作り、こういわれました。

「見よ、われは地球を愛す。地球をクウェンディとアタニの住まうべき館となさん！　クウェンディを地上の全生類のうち最も美しきものとなさしめ、すべてのわが子らのうち、最も高き美を所有し、案出し、産み出す者となさん。かれらには、この世にてより大いなる幸いを得さしめん。アタニには、異なる新たな贈り物を授けん」……

人間の子らが、生きてこの世に住まうのはほんの短い間で、すぐにいずこともエルフたちの与《あずか》り知らぬところに出で立ってゆくのは、自由というこの贈り物と分かちがたい一つのものである。……死はかれらの宿命であり、イルーヴァタールからの賜《たま》わりものである。（『最新版 シルマリルの物語 上』田中明子訳、評論社、二〇二三年）（注・クウェンディはエルフ、アタニは人間のこと）

トールキン研究者の一人であるポール・コーチャー教授は、トールキンは、登場人物を描くのと同じくらい、さまざまな種族そのものについて書いているといっています。そして、木の鬚がもう少し先で、エルフについて「エルフは、木々を目覚めさせ、かれらに話すことを教え、かれらの木言葉をならった。昔のエルフたちはな、いつもあらゆるものと話をしたがっていたものよ」といっているように、

……『指輪物語』の目的は、もちろん並外れた魅力をもつ物語を語ることであるが、同時に、自分と似たようなものの、そうでないもの、とできるだけ幅広い生きものと交わりたいという人間の根源的な願いを満たすことでもある。トールキンの分析によれば、これはすぐれたファンタジーの必須条件の一つである。（『The Achievement of J. R. R. Tolkien』「J・R・R・トールキンが成し遂げたこと」ポール・コーチャー著、一九七二年、邦訳なし）

と、「自由の民」と題した一章で語っています。そして、エントが挙げたエルフ、ドワーフ、エント、人間は、他の種族に対してある種の優越性をもっているといいます。四種族とも「まずあぐる」者となっていて、最初に生まれた者たちです。まず、エルフが目覚め、その頃、エント、ドワーフも目覚め、その後に人間です。

『指輪物語2』で、旅の仲間を選ぶときに、エルロンドは「指輪の仲間は九人としよう」と口を切り、フロドとサム、ガンダルフの他には、

「残りの隊員は、世界のその他の自由の民、すなわち、エルフ、ドワーフ、人間を代表する者たちとしよう」（『最新版 指輪物語2 旅の仲間 下』）

といいます。この後、いよいよ出発するときに、エルロンドは、フロドだけが責任を託されているのであり、「かれ以外の者はすべて、途すがらかれを助けるべく、自由意志による

道連れとしてかれに同道されよ」といいます。この〝自由意志〟が何度も強調されていたので、この頃は、そういう「自由」かと思っていましたが、エント族も加わってくると、もう少し広い意味のfreeなのではと思います。冥王に拘束されていないとか、支配を受けていない、という意味があるのではないでしょうか。

　コーチャー教授は、トールキンは、キリスト教徒として、

人間が創造された際に他のすべての生きものに対する支配権を与えられたという教義を受けいれている。人間が彼らを正しく支配するために、人間と生きものはお互いの言葉を理解する能力を授けられた。人間の堕落はこの優位性を失いはしなかったものの、言葉を通じた交わりの絆を断ち切った。それ以来、「奇妙な運命と罪悪感がわたしたちの上にのしかかっている。他の生きものたちは、人間が関係を断ち切った他の国のもののようで、今は離れて外側から見ているだけである」ファンタジーは、わたしたちが再び交わることができるさまざまな生きものを創造することで、わたしたちの和解したいという願いを満たそうとする。（『The Achievement of J. R. R. Tolkien』）

　さらに、聖書の創世記では神が人間に他の生きものの支配権を与えているのですが、トールキンは、その人間の優位性を、「自由の民」に広げ、キリスト教以前の時代に設定しているので、キリスト教的背景から解放されているといっています。そして、

……トールキンの作家としての真の卓越性は、それぞれの種族に紛れもない独自の個性を確立している力にある。エルフとドワーフとエントと人間は、どれとも姿が違っている。さらにそれぞれの種族特有の能力だけでなく、それぞれの種族が抱える特有の悲劇があり、それをできるかぎり克服しようと努めなければならない。そして、仲間たちはしばしば困難になる共存の道を模索しなくてはならない。これらすべてが、壮大なできごとの中で、叙事詩的物語に多種多様なドラマを与えている。（前掲書）

と結んでいます。

　木の鬚の朗誦の後半に動物や鳥たちが出てくるのも、コーチャー教授の説を読むと、なるほどと思えますが……。この中つ国を見守り正しく導くのにふさわしい種族と捉えればいいかと思います。

　木の鬚の朗誦の中に自分たちが入っていないことがわかると、メリーは抗議します。


「だけどぼくたちがこの世界に存在してからもう随分になるんですよ。ぼくたちはホビットです。」

「新しく一行作ったらどうですか？」と、ピピンがいいました。

「小さい人ホビットは、穴住まい
　わたしたちを四つの仲間に入れてください。人間（つまり大きい人たち）の次にね。そうすればおさまりますよ。」

「フム！　悪くないな……それでよかろう」（『最新版　指輪物語３』）

エルロンドは既に入れていたわけですが……。　（つづく）

白秋と子どもたちの詩 65

『指導と鑑賞　児童詩の本』北原白秋編著（一九四三年刊）

昭和七年（一九三二年）十月

もろこし畑《ばたけ》で（特選）

千葉県印旛郡木下小学校高一　糸川徳三

もろこし畑《ばたけ》の向《む》こうにあがった、
まるい月《つき》。
ランプのように金《きん》に匂《にお》うよ。
風《かぜ》がふくと、
もろこしの葉《は》、さらさらと鳴《な》るよ。
何《なん》だか別《わか》れた友《とも》だちが、
なつかしい晩《ばん》だよ、
手《て》の中《なか》のハーモニカ、
銀色《ぎんいろ》にふるえてくるよ。

うれしい日《ひ》（特選）

和歌山県高野町白藤小学校尋六　南　浪子

一人庭《ひとりにわ》で遊《あそ》んでた日《ひ》。
桜草《さくらそう》に日《ひ》のてる日《ひ》。
赤《あか》んぼの生《う》まれた日《ひ》。
ひ鯉《ごい》が二ひき、
水《みず》の落口《おちぐち》で、
もつれるように水《みず》をのんでる。
赤《あか》んぼの泣《な》き声《ごえ》、
卯月八日《うづきようか》の花《はな》にひびくよ。

妹《いもうと》の顔《かお》（特選）

和歌山県高野町白藤小学校高一　佐古テイ子

梅《うめ》の木《き》の下《した》で、
青梅《あおうめ》くってる妹《いもうと》の顔《かお》。
強《つよ》い日《ひ》の光《ひかり》に、
梅《うめ》の葉《は》の影《かげ》、
いっぱいうつる妹《いもうと》の顔《かお》。
ゆがんでるように見《み》える妹《いもうと》の顔《かお》。

朝《あさ》（特選）

千葉県印旛郡木下小学校高一　三門勘重郎

露《つゆ》こい朝《あさ》の田圃道《たんぼみち》は、
蛍草《ほたるぐさ》が空色《そらいろ》に咲《さ》くのでなつかしいのだ。
露《つゆ》こい朝《あさ》の山道《やまみち》は、
栗《くり》の花《はな》が、
気持《きもち》よく匂《にお》うのでうれしいのだ。
そして朝《あさ》の学校《がっこう》の実習地《じっしゅうち》は、
トマトの青《あお》い実《み》が、

青玉《あおだま》のように光《ひか》っているのが、
うれしいのだ。

月《つき》（特選）

千葉県印旛郡木下小学校高一
加藤精一

月《つき》が雲《くも》にかかった。
犬《いぬ》が、
どこかで
気味悪《きみわる》くないた。
桜《さくら》の満開《まんかい》らしい晩《ばん》。
洋食屋《ようしょくや》のカレー粉《こ》、
僕《ぼく》の鼻《はな》にいたいほど辛《から》くしみる。

雨後《うご》の朝《あさ》（特選）

千葉県山武郡千代田小学校高二
小川光雄

長《なが》い雨《あめ》のおさまった朝《あさ》、
かびくさい僕《ぼく》の室《へや》に、
はればれとうれしい日光《にっこう》が、
机《つくえ》、本箱《ほんばこ》を通《とお》して、
障子《しょうじ》のあけ穴《あな》から、
奥《おく》の障子《しょうじ》までとどいた。
僕《ぼく》は今《いま》、
障子《しょうじ》と雨戸《あまど》をあけはなして、
朗《ほが》らかな気分《きぶん》で机《つくえ》に向《む》かった。

若葉《わかば》（特選）

和歌山県高野町白藤小学校高一
増田セイ

若葉《わかば》がうごくよ。
静《しず》かな風《かぜ》がうつっていくよ。
若葉《わかば》の光《ひかり》が白《しろ》いよ。
遠《とお》い空《そら》に、
若葉《わかば》の香《かおり》と光《ひかり》が流《なが》れていくよ。
どこかで吹《ふ》く草笛《くさぶえ》も
流《なが》れていくよ。

糸川君の「もろこし畑で」は私の歌集『桐の花』の中にある、「病める児はハモニカを吹き夜に入りぬ、もろこし畑の黄なる月の出」という歌によく似通っている。ランプのように金に匂う、まろい月なども私の曽ての歌境でなつかしい。無論、この作者が私の作を読んではいないだろうが、ここまでよく感覚的にもろこし畑の月夜を観たものだと思う。南さんの「うれしい日」は極めて特異な感覚で畳みかけてある。中でも赤んぼの生まれた日、ひ鯉が二匹水の落口で水をのんでいる、などは、線が太くて強い。その赤んぼの泣き声が花にひびくのも鋭い。この一篇は単にうれしい日の感覚というより、何か神秘的なものを感じさせる。佐古さんの「妹の顔」には強烈な青と緑の外光がある。油絵風だ。この観照は強くて深い。青梅くってる妹の顔、ことに夏日の光線に妹の顔のゆがんで見えるところまで確かに写生したのには感心した。三門君の「朝」はすがすがしく、快活でまた色彩も鮮明である。児童生活の歓びがその詩句の間にも溢れている。加藤君の「月」これは従来にない気味悪いものがある。尋常の感覚でない。月が雲にかかった陰鬱な色と光、その何処かに犬が鳴く、それが桜の満開らしい晩ゆえなおさら奥深くなる。カレー粉のにおいも鋭い。

小川君の「雨後の朝」は、これまた所謂詩的なものからかなり離れて、はっきりと現実を現実として観ている。それがおもしろい。ちょうど、石井柏亭君の画を見るように光と影とが明確で、机も本箱も、あるべきところに据り、凡てがすっきりと、何の誇張も粉飾もなく、はればれと、よく通っている。こうした傾向のは珍しいので、特に抜くことにした。増田さんの「若葉」には柔らかな香と光とがいかにももの静かに流れていた。若葉の光が白いと観たのは、正しい、よい写生である。

十一月

母《はは》（特選）

埼玉県入間郡第一飯能小学校尋四
青木ヒデ

ねむっている母《はは》、
母《はは》の顔《かお》、青《あお》ざめた顔《かお》。
どうしたのか、
顔《かお》をしかめている。
何《なん》となく、かなしくなった。
いろいろと、くろうされるからだ。
母《はは》の顔《かお》、青《あお》ざめた顔《かお》が、
箱枕《はこまくら》の上《うえ》に重《おも》たそうだ。

赤《あか》んぼ（特選）

和歌山県高野町白藤小学校尋六
南　浪子

小《ち》さな赤《あか》んぼをだいて、
かどへ出《で》たよ。
赤《あか》んぼの黄色《きいろ》い着物《きもの》、
月《つき》に光《ひか》ってこいよ。
どこからか、
米《こめ》をつく音《おと》が聞《き》こえるよ。
赤《あか》んぼの、
生《う》まれた晩《ばん》のような気《き》がするよ。

風呂《ふろ》（特選）

千葉県山武郡東金小学校尋六
高橋誠一

猫《ねこ》がなく、
月《つき》のあかりに、
みんな青《あお》ずんで見《み》える夜《よる》だ。
風呂《ふろ》の火《ひ》、
前《まえ》の薪《まき》がくずれそうになって、
ぱあっと白《しろ》い、白《しろ》い。

玉《たま》ねぎ（特選）

富山県氷見郡一刎分教場尋六
高橋正雄

僕《ぼく》、玉《たま》ねぎの皮《かわ》をむく。
皮《かわ》のない玉《たま》ねぎ、つやがある。

床《ゆか》に、つやの影《かげ》がうつる。
光《ひか》る光《ひか》る玉《たま》ねぎ。

もろこし取《と》り（特選）

千葉県山武郡千代田小学校高二
伊藤勝正

とうもろこしを折《お》りに、
妹《いもうと》といった。
畠《はたけ》の道《みち》、ぬくい風《かぜ》が流《なが》れる。
色《いろ》づいた、きゅうりに、
きりぎりすやら（だろう）、
みっちりとつかまって露《つゆ》をすってる。
妹《いもうと》はほしがった。
僕《ぼく》が頭《あたま》をふった。
赤《あか》い、ちょうちんをさげて、
きりぎりす取《と》りに、
夜《よる》になったらきべいや（来《こ》ようよ）。

雨《あめ》ふり（特選）

広島県豊田郡椹梨小学校尋四
高村博視

雨《あめ》がふる、
ざざ田の、むなくと（水口《みずぐち》）の水《みず》が白《しろ》い。
雨《あめ》がふる。
山《やま》の若葉《わかば》が黄色《きいろ》な。
もやが走《はし》って雲《くも》にあがる。
燕《つばめ》がたつ。
だれか下《した》を通《とお》った。
雨《あめ》はまだやまぬ。
なにかのにおいがする。
なにかの花《はな》がさくようだ。
雨《あめ》はふる。
蛙《かえる》のこえが、
きこえる。

田《た》の草取《くさとり》（特選）

茨城県真壁郡樺穂小学校高一
鈴木広吉

お湯《ゆ》みたいな水《みず》よ。
草《くさ》とり機械《きかい》を田《た》うねの中《なか》へ。
「まえをさげて」
前《まえ》をさげて、
先生《せんせい》のこえだ。
おお、
走《はし》るどや（走《はし》れば）、
一たんぶくれ（くらい）、
わきゃねぁいよ（わけはないよ）。
やわらかい、とんぼのはね、
光《ひか》りながら、
泥田《どろた》の中《なか》へはいったよ。

青木さんの「母」は読んでいて苦しくなるほど写生が真実に深く突っ込んでいる。眠っている青ざめた母の顔を、この子は眺めている。そうして色々の苦労をその母の顔に読んでいる。顔をしかめていると、作為なくありのままに観ている。そこがよい。それから母の青ざめた顔が箱枕の上に重たそうだ、この重たそうだが、まるで生首でものっかっているように見える。母の苦労の重みそのものが載っかっているのである。南さんの「赤んぼ」も尋常ではない。ある神秘性が赤んぼの呼吸のように息している。赤んぼの着物の黄色と月、光とのうつりもよい。米を搗く音が間拍子をとるのもよい。特に最後の、赤んぼの生まれた晩のような気がすると感じた、この直感がよい。ここにまた深い詩の香気が籠もってくる。高橋君の「風呂」には近代の神経が月に啼く猫のこえと共に青ずんで、何か不気味なものを感じさせる。感覚だけのものではない。一刎分校の高橋君の「玉ねぎ」の視覚は鋭い。鋭いというよりあまりに正確なほどだ。玉ねぎの光沢、その影が床にうつる。誰でもが見落としそうなこの静かな反射と影とを捉えたのは、よく観ている。それにもまして玉ねぎは強く強く光っている。ここにはちきれるほどの生命の充実がある。伊藤君の「もろこし取り」には初秋の田園風景が、透明に爽やかに、涼味を漂わしている。赤いちょうちんをさげて、夜になったら来べいや、この来べいやが方言そのままで微笑させる。高村君の「雨ふり」は、措辞から構成から、むしろ成人のそれのように整っている。悠々と落ち着きはらった態度である。それに方言がよく取り入れてある。もしこの訛りがなければ、却って大人くさいであろう。鈴木君の「田の草取」は自由で、素朴で、さながらで、おおっぴらで、まことに田の草取の気分がよく出ている。拙いようで自由でよい。

一家に一さつ

おだまり、ローズ 子爵夫人付きメイドの回想

(白水ブックス) 本体一九〇〇円+税

著者は、レディ・アスターに、レディズ・メイド(貴族の奥方専属のメイド)として仕えた経歴を持つ。同様の仕事としての三人目の女主人レディ・アスターは、貴族の中でも特に名高く、女性初の国会議員でもあったが、業界屈指の執事リー氏から「きみが理解している意味での淑女ではないがね」と警告された通り、手強い相手だった。けれども著者も負けてはない。レディのわがままさに消耗するだけの日々が一転したのは、初めて口答えをした日。レディは翌朝あやまった。しかし、これで収まるわけもなく、三十五年間、丁々発止のバトルは続く。隣室で子爵が聞き耳を立てて大笑いしていることも。こうして生まれた無二の友情と信頼関係――ヨークシャー娘魂を持ち健全で、実直で勤勉、頭がよくて実際的なローズと、高潔で情深く正義感が強い反面、自分の思い通りにならないと意地悪になる、頑固になる、無軌道になるレディとの――は、レディが亡くなる瞬間まで続くことになる。ときに千人ものお客を招待するアスター家の使用人の働きぶり、一体感、楽しみ悲しみのエピソードも尽きない。文字通り、事実は小説より奇なりを実感させる回想記。(ロジーナ・ハリソン著、新井雅代訳)

古代エジプトの物語⑥

ロジャー・ランスリン・グリーン＝著

青木祥子＝訳

ロジャー・ランスリン・グリーン（一九一八ー一九八七）英国の児童文学者、伝記作家。この『古代エジプトの物語』(Tales of Ancient Egypt) は、一九六七年に出版された。

金《きん》の蓮《はす》

ギザの大《だい》ピラミッドを建《た》てたファラオ・クフの父《ちち》であるスネフェルは、長《なが》きに渡《わた》ってエジプトを満《み》ち足《た》りた太平《たいへい》な国《くに》として治《おさ》めていた。外国《がいこく》との戦争《せんそう》もなく、国内《こくない》での災難《さいなん》もなく、告示《こくじ》の必要《ひつよう》もあまりなかったので、時間《じかん》をもてあますことが多《おお》かった。

ある日《ひ》、楽《たの》しいことを探《さが》してはみても何《なに》も心《こころ》を明《あか》るくしてくれないので、退屈《たいくつ》してメンフィスの宮殿《きゅうでん》をぶらぶらしていた。

それから、魔術師《まじゅつし》たちの頭《かしら》であるジャジャエムアンクを思《おも》い出《だ》して、こういった。「わしを楽《たの》しませ、驚《おどろ》くような新《あたら》しいことを見《み》せてくれる者《もの》がいるとすれば、巻物《まきもの》を書《か》く知恵《ちえ》者《しゃ》の書記官《しょきかん》であるにちがいない。ジャジャエムアンクをわしの前《まえ》に連《つ》れてきてくれ」

直《ただ》ちに召《め》し使《つか》いが〝知恵者《ちえしゃ》の家《いえ》〟に行《い》き、ジャジャエムアンクをファラオの御前《ごぜん》に連《つ》れてきた。するとスネフェルは

「わしは、何《なに》か楽《たの》しいことはないかと宮殿中《きゅうでんじゅう》を探《さが》し回《まわ》ったが、何《なに》も見《み》つからなかった。そなたの知恵《ちえ》によって、わしの心《こころ》を喜《よろこ》びで満《み》たすことを考《かんが》え出《だ》してはくれまいか」といった。

すると、ジャジャエムアンクは、「おお、ファラオよ、命《いのち》と健康《けんこう》と強《つよ》さがあなた様《さま》とともにありますように！　わたくしめの助言《じょげん》は、あなた様《さま》がナイル川《がわ》を上《のぼ》り、メンフィスのすぐ下流《かりゅう》にある湖《みずうみ》に行《い》かれたらよろしいかということです。わたくしめの助言《じょげん》にすべて従《したが》ってくだされば、これはありふれた船遊《ふなあそ》びなどではなくなるでしょう」といった。

「そなたがわしに驚《おどろ》くようなものを見《み》せてくれると信《しん》じようぞ。王家《おうけ》の船《ふね》を用意《ようい》させよう」と、スネフェルはいった。

「でも、わしは、ナイル川《がわ》や湖《みずうみ》を航行《こうこう》するのには飽《あ》き飽《あ》きしているのだが」

「これはそんな普通《ふつう》の航行《こうこう》ではありません」と、ジャジャエムアンクは請《う》け合《あ》った。「この漕《こ》ぎ手《て》たちは、いままであなた様《さま》が目《め》にした漕《こ》ぎ手《て》たちとは全《まった》く違《ちが》っているのです。この漕《こ》ぎ手《て》たちは、宮殿《きゅうでん》の後宮《こうきゅう》に住《す》んでいらっしゃる美《うつく》しい乙《おと》女《め》たちでなければなりません。この漕《こ》ぎ手《て》たちが櫂《かい》を操《あやつ》るのを目《め》になさり、湖上《こじょう》に羽《は》ばたく鳥《とり》たちや、芳香《ほうこう》を漂《ただよ》わせている両岸《りょうがん》の畑《はたけ》と緑《みどり》の草々《くさぐさ》を目《め》になされば、あなた様《さま》のお心《こころ》も晴《は》れ晴《ば》れとされるでしょう」

「なるほど！　これはきっと新《あたら》しいものになろう」と、ファラオは賛成《さんせい》し、とうとう興味《きょうみ》を誘《さそ》われたようだった。「では、この冒険《ぼうけん》の監督《かんとく》をそなたに任《にん》じよう。わしの権限《けんげん》で話《はなし》をし、必要《ひつよう》なものをすべて命《めい》じるがいい」

　そこで、ジャジャエムアンクは、ファラオ・スネフェルの役人《やくにん》や従者《じゅうしゃ》たちにこういった。「金《きん》を象眼《ぞうがん》した黒檀《こくたん》のオールを二十本用意《ぼんようい》せよ。先《さき》の平《たい》らな部分《ぶぶん》は琥珀金《こはくぎん》を象眼《ぞうがん》した軽《かる》い木《き》でできているものだ。それから、漕《こ》ぎ手《て》として、ファラオの王室《おうしつ》から二十人《にん》の最《もっと》も容姿《ようし》のすぐれた乙女《おとめ》たちを選《えら》び出《だ》せ。まだ子《こ》を産《う》んだことがなく、ほっそりしていて愛《あい》らしく、手足《てあし》がすらりと長《なが》く、優雅《ゆうが》で、髪《かみ》はゆるやかに垂《た》らしている乙女《おとめ》たちを二十人《にん》だ。それから、金糸《きんし》で編《あ》んだ二十枚《まい》のネットを持《も》ってきて、着物《きもの》としてそれらの美《うつく》しい乙女《おとめ》たちに着《き》せるのだ。それから、乙女《おとめ》たちを金《きん》と琥珀金《こはくぎん》と孔雀石《くじゃくせき》で美々《びび》しげに飾《かざ》れ」

　ジャジャエムアンクの言葉《ことば》に従《したが》ってすべてが用意《ようい》された。ほどなく、乙女《おとめ》たちが漕《こ》いで、流《なが》れを上《のぼ》ったり下《くだ》ったり、湖《みずうみ》のキラキラする上《うえ》を滑《すべ》っていく間《あいだ》、ファラオは、その王《おう》家《け》の船《ふね》に坐《ざ》した。スネフェルの心《こころ》は、不慣《ふな》れな働《はたら》きをしている美《うつく》しい漕《こ》ぎ手《て》たちを目《め》にして晴《は》れ晴《ば》れとし、まるで、オシリスが地上《ちじょう》を治《おさ》めるために戻《もど》ってくる黄金《おうごん》の日々《ひび》に航行《こうこう》しているようだった。

　けれどもほどなくして、華《はな》やかで満《み》ち足《た》りた一団《だん》が湖《みずうみ》にいるときに、不運《ふうん》なできごとが起《お》こった。王家《おうけ》の船《ふね》の高《たか》くなった船尾《せんび》で、二人《ふたり》の乙女《おとめ》が、支柱《しちゅう》に固定《こてい》された大《おお》きな櫂《かい》で舵《かじ》を取《と》っていた。すると突然《とつぜん》、その櫂《かい》の一本《ぽん》の柄《え》が、操《あやつ》っていた乙女《おとめ》の頭《あたま》をかすめて、彼女《かのじょ》の髪《かみ》を後《うし》ろにまとめていたヘアバンドにつけていた金《きん》の蓮《はす》を水中《すいちゅう》に払《はら》い落《お》とし、金《きん》の蓮《はす》は沈《しず》んで見《み》えなくなった。

　小《ちい》さく叫《さけ》んだその乙女《おとめ》は、身《み》を乗《の》り出《だ》して、蓮《はす》の行方《ゆくえ》を見《み》つめた。そして、歌《うた》うのを止《や》めてしまったので、そちら側《がわ》の漕《こ》ぎ手《て》たちはみな、調子《ちょうし》がのろくなってしまった。

「そなたたちは、なぜ漕《こ》ぐのを止《や》めたのだ？」と、ファラオが訊《たず》ねた。

　すると、乙女《おとめ》たちは答《こた》えた。「わたしたちの舵取《かじと》りが止《と》まってしまったので、わたしたちを指揮《しき》する者《もの》がいないからです」

「それでは、なぜ、そなたは舵取《かじと》りを止《や》めて、そなたの歌《うた》で皆《みな》を指揮《しき》するのを止《や》めたのかな？」と、スネフェルが訊《たず》ねた。

「お許《ゆる》しください、ファラオさま、命《いのち》と健康《けんこう》と強《つよ》さがあなた様《さま》とともにありますように！」と、その乙女《おとめ》はさめざめと泣《な》いた。「けれども、櫂《かい》がわたしの髪《かみ》を打《う》って、あなた様《さま》がくださった、孔雀石《くじゃくせき》のはまった美《うつく》しい金《きん》の蓮《はす》を払《はら》い落《お》としてしまったのです」

「前《まえ》のように漕《こ》いでほしい。別《べつ》のを授《さず》けるから」と、スネフェルはいった。

　けれども、娘《むすめ》は泣《な》き続《つづ》けていった。「わたしは、あの金《きん》の蓮《はす》を取《と》り戻《もど》したいのです、別《べつ》のではなくて」

　そこで、ファラオがいった。「湖《みずうみ》の底《そこ》に沈《しず》んだ金《きん》の蓮《はす》を探《さが》せるのは、一人《ひとり》しかいない。わが魔法使《まほうつか》いのジャジャエムアンクを召《め》し出《だ》せ。彼《かれ》こそがこの船遊《ふなあそ》びを考《かんが》え出《だ》したのじゃ。王家《おうけ》の船《ふね》のわしの前《まえ》に連《つ》れてきてくれ」

　そこで、王家《おうけ》の船《ふね》の上《うえ》の絹《きぬ》のテントの中《なか》に坐《すわ》っていたスネフェルの御前《ごぜん》に、ジャジャエムアンクが連《つ》れてこられた。ジャジャエムアンクが跪《ひざまず》くと、ファラオがいった。「わが友《とも》であり兄弟《きょうだい》であるジャジャエムアンクよ、そなたの発案通《はつあんどお》りに事《こと》を為《な》した。わが王者《おうじゃ》の心《こころ》はよみがえり、わが目《め》は、これらの愛《あい》らしい漕《こ》ぎ手《て》が精出《せいだ》す姿《すがた》を見《み》て喜《よろこ》んだ。わしが岸《きし》の木々《きぎ》や花《はな》や鳥《とり》を眺《なが》めている間《あいだ》、湖《みずうみ》の上《うえ》を行《い》き来《き》して歌《うた》いかけてくれた。ラーがこの地上《ちじょう》を治《おさ》めていた古《いにしえ》か、はたまた善《よ》き神《かみ》オシリスがドゥアトから戻《もど》ってこられて実現《じつげん》した時《とき》であるかのように、黄金《おうごん》の日々《ひび》を航行《こうこう》しているようであった。だが、今《いま》や、乙女《おとめ》らの一人《ひとり》の髪《かみ》から金《きん》の蓮《はす》が落《お》ちてしまった。湖《みずうみ》の底《そこ》に。して、その乙女《おとめ》が歌《うた》うのを止《や》めてしまったので、船上《せんじょう》のそちら側《がわ》の漕《こ》ぎ手《て》たちが調子《ちょうし》を合《あ》わせることができぬのじゃ。その上《うえ》、他《ほか》の贈《おく》り物《もの》では、彼女《かのじょ》をなだめることができず、金《きん》の蓮《はす》のために泣《な》くばかりじゃ。ジャジャエムアンクよ、ここにおるこの乙女《おとめ》に金《きん》の蓮《はす》を取《と》り戻《もど》してやりたい。そして、彼女《かのじょ》の目《め》に喜《よろこ》びが戻《もど》るのが見《み》たい」

「わたしの主人《しゅじん》、ファラオよ、命《いのち》と健康《けんこう》と強《つよ》さがあなた様《さま》とともにありますように！」と、魔法使《まほうつか》いジャジャエムアンクは答《こた》えた。「あなた様《さま》が願《ねが》われたことを成《な》しましょう。わたしの知恵《ちえ》を持《も》ってすれば、それほど難《むずか》しいことではございません。でも、これは、あなた様《さま》がご覧《らん》になったことのない魔《ま》法《ほう》かもしれませんのであなた様《さま》を不思議《ふしぎ》な気持《きも》ちにさせることでしょう。約束《やくそく》したとおりに、新《あたら》しいことでさらにあなた様《さま》のお心《こころ》を喜《よろこ》ばせましょう」

　それから、ジャジャエムアンクは、王家《おうけ》の船《ふね》の船尾《せんび》に立《た》って、大《おお》いなる呪文《じゅもん》と力《ちから》のある言葉《ことば》を唱《とな》え始《はじ》めた。そして直《ただ》ちに、魔法《まほう》の杖《つえ》を水面《すいめん》に伸《の》ばした。すると、まるで大《おお》きな刀《かたな》で切《き》られたように湖《みずうみ》が割《わ》れた。ここの湖《みずうみ》は深《ふか》さが二十フィート（約《やく》六メートル）だったので、魔法使《まほうつか》いが動《うご》かした水《みず》の塊《かたまり》を、残《のこ》りの湖《みずうみ》の水面《すいめん》に乗《の》せると、四十フィートの水《みず》の崖《がけ》ができた。

　いまや、王家《おうけ》の船《ふね》は、ゆっくりと湖《みずうみ》のその裂《さ》け目《め》を下《お》りて底《そこ》にたどり着《つ》いた。四十フィートの水《みず》の崖《がけ》の底《そこ》では、湖《みずうみ》の底《そこ》がむきだしになって、普通《ふつう》の地面《じめん》のように固《かた》く乾《かわ》いた、広《ひろ》い空《あ》き地《ち》となっていた。

　そして、王家《おうけ》の船《ふね》の船尾《せんび》のちょうど下《した》にあたるところに、金《きん》の蓮《はす》が落《お》ちていた。

　それをなくした乙女《おとめ》は喜《よろこ》びの叫《さけ》びをあげて、船腹《ふなばら》を跳《と》び越《こ》え固《かた》い地面《じめん》に下《お》りて、金《きん》の蓮《はす》を手《て》に取《と》り、もう一度《ど》髪《かみ》につけた。それから、素早《すばや》く王家《おうけ》の船《ふね》に上《のぼ》って、再《ふたた》び手《て》に舵取《かじと》りの櫂《かい》を握《にぎ》った。

　ジャジャエムアンクがゆっくりと杖《つえ》を下《お》ろすと、王家《おうけ》の船《ふね》は、もう一度《ど》水面《すいめん》の高《たか》さまで滑《すべ》り上《あ》がっていった。それから、別《べつ》の力《ちから》の言葉《ことば》を唱《とな》えると、まるで魔法使《まほうつか》いの杖《つえ》に引《ひ》っ張《ぱ》られているかのように、大《おお》きな水《みず》の塊《かたまり》がもとの場所《ばしょ》に戻《もど》り、変《か》わったことなど何《なに》もなかったように、宵《よい》の涼風《すずかぜ》が湖《みずうみ》の静《しず》かな水面《すいめん》に小波《さざなみ》を立《た》てた。

けれども、ファラオ・スネフェルの心《こころ》は喜《よろこ》び、不思議《ふしぎ》さに驚《おどろ》き、声《こえ》をあげた。「わが兄弟《きょうだい》のジャジャエムアンクよ、そなたは、もっとも偉大《いだい》で賢《かしこ》い魔法使《まほうつか》いだ！　そなたは、今日《きょう》という日《ひ》に、わしに驚《おどろ》きと喜《よろこ》びを見《み》せてくれた。望《のぞ》みのものはすべて叶《かな》えよう。エジプトでは、わしの次《つぎ》の位《くらい》に就《つ》かせよう」

それから、王家《おうけ》の船《ふね》は、黄昏《たそがれ》の輝《かがや》きの中《なか》で、湖《みずうみ》の上《うえ》をゆっくりを航行《こうこう》していった。二十人《にん》の愛《あい》らしい乙女《おとめ》が、金《きん》の網《あみ》地《じ》の衣裳《いしょう》を着《き》て、髪《かみ》には宝石《ほうせき》の蓮《はす》を飾《かざ》り、水《みず》の輝《かがや》きの中《なか》に黒檀《こくたん》と銀色《ぎんいろ》の櫂《かい》をくぐらせながら、古《いにしえ》のエジプトの愛《あい》の歌《うた》を甘《あま》やかに歌《うた》った。

彼女《かのじょ》はあちらの岸《きし》に立《た》っている。
われらの間《あいだ》にはナイル川《がわ》が流《なが》れる。
深《ふか》く広《ひろ》やかなその水《みず》の中《なか》には
一匹《ぴき》のワニが潜《ひそ》む。

それでも、わたしの愛《あい》は本物《ほんもの》で甘《あま》いのだ。
力《ちから》のある言葉《ことば》、まじないの言葉《ことば》で——
流《なが》れは足元《あしもと》にあるのだから、
わたしを傷《きず》つけることなく運《はこ》んでおくれ。

彼女《かのじょ》が立《た》っているところへたどり着《つ》く、
もうこれ以上離《いじょうはな》れていられないから。
だから、愛《あい》するあなたの手《て》を取《と》り、
わたしの胸《むね》に彼女《かのじょ》を引《ひ》き寄《よ》せる。

魔法使《まほうつか》いのテタ

ファラオ・クフがエジプトを治《おさ》めているときに、ギザの大《だい》ピラミッドの建設《けんせつ》が始《はじ》まった。クフの建築士《けんちくし》ヘミユーニユーは、百年前《ねんまえ》にジョセル王《おう》の階段《かいだん》ピラミッドを建《た》てたイムヘテプの知恵《ちえ》のすべてを学《まな》んだ。エジプトの人《ひと》びとは、毎年《まいとし》ナイル川氾濫《がわはんらん》の時期《じき》になると、耕作《こうさく》はできないので、何《なん》千人《にん》という人《ひと》たちが集《あつ》まってきて、善《よ》き神《かみ》ファラオ・クフの栄光《えいこう》を讃《たた》えるために喜《よろこ》んで働《はたら》いた。クフはすべての真《しん》の意味《いみ》でのエジプトのファラオと同《おな》じように、アメン・ラーその人《ひと》の精神《せいしん》の化身《けしん》とみなされていた。

けれども、一つだけ欠《か》けているものがあった。ヘミユーニユーと、その他《ほか》のメンフィスの魔術師《まじゅつし》たちは、イムヘテプが、地震《じしん》と雷電《らいでん》から永遠《えいえん》にピラミッドを安全《あんぜん》に保《たも》つ力《ちから》の言葉《ことば》を書《か》いたとされる、パピルスの巻物《まきもの》を見《み》つけることができな

古代エジプト地図

かったのだ。地震《じしん》と雷電《らいでん》は、あの邪神《じゃしん》セトの武器《ぶき》であった。

そこで、クフは、使者《ししゃ》を送《おく》り出《だ》して、力《ちから》の言葉《ことば》を見《み》つけた者《もの》には誰《だれ》であろうと褒美《ほうび》を与《あた》えるとお触《ふ》れを出《だ》した。フィラエ島《とう》からタニスに至《いた》るまでの神殿《しんでん》の祭司《さいし》たちは皆《みな》、自分《じぶん》たちの文書《ぶんしょ》を注意深《ちゅういぶか》く探《さが》した。テーベとアビュドスとヘリオポリスの魔法使《まほうつか》いたちは、まじないや呪文《じゅもん》の力《ちから》を借《か》りて捜《さが》し求《もと》めた。が、すべては無駄《むだ》であった。

けれども、とうとうファラオの息子《むすこ》の一人《ひとり》であるデデフホル王子《おうじ》が、父《ちち》のところにやってきて、地面《じめん》に頭《あたま》を垂《た》れていった。「わが父《ちち》、ファラオよ――命《いのち》と健康《けんこう》と強《つよ》さがともにありますように！　わたしは、あなたの国《くに》のどの魔法使《まほうつか》いよりも強《つよ》くて驚《おどろ》くような技《わざ》を持《も》った魔法使《まほうつか》いを見《み》つけました。その者《もの》の名《な》はテタといい、ここからそれほど遠《とお》くもない、あなた様《さま》のお父上《ちちうえ》のスネフェル王《おう》のピラミッドの近《ちか》くであるメイドゥムに住《す》んでおります。エジプト中《じゅう》を探《さが》しても彼《かれ》のような者《もの》はおりません。なぜなら、テタは、一一〇年《ねん》の齢《よわい》を重《かさ》ね、ジョセル王《おう》がこの地《ち》を治《おさ》め、イムヘテプが最初《さいしょ》のピラミッドを建《た》てた時《とき》には少年《しょうねん》でした。そして、今《いま》でも毎日《まいにち》、五〇〇個《こ》のパンと牛《うし》の脇腹肉《わきばらにく》を食《た》べ、一〇〇口《くち》の麦酒《ビール》を飲《の》んでいます。テタは、打《う》ち落《お》とされた首《くび》を元通《もとどお》りに戻《もど》す方法《ほうほう》を知《し》っております。また、獰猛《どうもう》な砂漠《さばく》のライオンを、まるで馴《な》れた犬《いぬ》のように彼《かれ》の後《あと》をついて歩《ある》かせる方法《ほうほう》を知《し》っております。その上《うえ》、邪神《じゃしん》セトの急襲《きゅうしゅう》からピラミッドを守《まも》ることが語《かた》られているはずの力《ちから》の言葉《ことば》と呪文《じゅもん》が記《しる》されている、イムヘテプの巻物《まきもの》を、あなた様《さま》が見《み》つける方法《ほうほう》も知《し》っていると請《う》け合《あ》っております。死者《ししゃ》の住《す》む国《くに》を守《まも》るそれらがなければ、邪神《じゃしん》セトが破壊《はかい》してしまうことでしょう」

ファラオ・クフは、これを聞《き》いて大《おお》いに喜《よろこ》んでいった。「そなたが直接行《ちょくせつい》ってくれ、わが息子《むすこ》デデフホルよ。そなたとともに王家《おうけ》の担《にな》い駕籠《かご》とたくさんの従者《じゅうしゃ》を伴《ともな》うがよい。できるだけ早《はや》く、その魔法使《まほうつか》いをここメンフィスに連《つ》れてきてほしい。そして、わしを訪《たず》ねてくる臣下《しんか》の王子《おうじ》たちのように丁重《ていちょう》に遇《ぐう》せよ。王家《おうけ》の船《ふね》でナイル川《がわ》を上《のぼ》っていくがよい。さすれば、テタも快適《かいてき》にくつろいで旅《たび》することができるであろう」

そこで、デデフホルは、必要《ひつよう》なものをすべてそろえて王家《おうけ》の船《ふね》で出発《しゅっぱつ》した。サッカラを越《こ》え、ダハシュールを越《こ》えて、ナイル川《がわ》を上《のぼ》っていき、スネフェル王《おう》が立《た》てたメイドゥムのピラミッドのところまでやってきた。ここで、デデフホルは陸《りく》に上《あ》がり、ピラミッドへと続《つづ》く王家《おうけ》の土手道《どてみち》を進《すす》んでいってから曲《ま》がり、村《むら》を越《こ》えて、魔術師《まじゅつし》テタが住《す》んでいるところへ向《む》かった。

一行《こう》は、家《いえ》の軒下《のきした》の影《かげ》でヤシの木《き》でできた寝台《しんだい》に横《よこ》になっている老人《ろうじん》を見《み》つけた。従者《じゅうしゃ》たちが扇《おうぎ》で風《かぜ》を送《おく》り、頭《あたま》と足《あし》に油《あぶら》を塗《ぬ》っていた。

王子《おうじ》デデフホルは、恭《うやうや》しく挨拶《あいさつ》をしてからこういった。

「あなた様《さま》の偉大《いだい》さと崇敬《すうけい》するお年《とし》に相応《ふさわ》しいご挨拶《あいさつ》をしとうございます。魔術師《まじゅつし》テタよ、老年《ろうねん》の衰弱《すいじゃく》とは無縁《むえん》でありつづけられますように。偉大《いだい》なファラオ・クフ――命《いのち》と健《けん》康《こう》と強《つよ》さがかの君《きみ》とともにありますように――の使《つか》いとしてやってまいりました。ファラオは、あなた様《さま》にメンフィスを訪《たず》ね極上《ごくじょう》の食《た》べ物《もの》とワインを――ファラオご自身《じしん》が食《た》べたり飲《の》んだりするようなものを共《とも》にしてほしいと命《めい》じておられます。なおまた、あなた様《さま》が快適《かいてき》にくつろいで旅《たび》することができるようにと、ご自分《じぶん》の王家《おうけ》の船《ふね》を差《さ》し向《む》けられておられます。そして、あなた様《さま》にお乗《の》りいただくために、ファラオご自身《じしん》がお乗《の》りになるような、金《きん》をはめ込《こ》んだ黒檀《こくたん》の王家《おうけ》の担《にな》い駕籠《かご》を用意《ようい》しておられます。ここからこの王家《おうけ》の船《ふね》に乗《の》り、メンフィスの宮殿《きゅうでん》までおいでください」

すると、魔術師《まじゅつし》テタは答《こた》えた。「平安《へいあん》があなたとともにありますように、偉大《いだい》なファラオの息子《むすこ》で、お父《とう》さまが愛《あい》されているデデフホルよ！　ファラオ・クフ――命《いのち》と健康《けんこう》と強《つよ》さがかの君《きみ》とともにありますように！――が、あなたを彼《かれ》の賢者《けんじゃ》たちの中《なか》での位《くらい》を上《あ》げ、すべての良《よ》き物《もの》をあなたにお与《あた》えになりますよう、あなたの〝カア〟があなたの敵《てき》に勝《まさ》りますよう、あなたの〝バア〟がドゥアトにおられるオシリスの王冠《おうかん》へと導《みちび》く高潔《こうけつ》な行為《こうい》への道《みち》を見《み》つけ出《だ》しますように。ファラオの御前《ごぜん》にまいりましょう。けれども、別《べつ》の船《ふね》でわたしの従者《じゅうしゃ》とわたしの術《わざ》の書物《しょもつ》を運《はこ》ばせてください」

すべては、テタの望《のぞ》み通《どお》りに事《こと》が運《はこ》び、やがて、テタは、王家《おうけ》の船《ふね》でナイル川《がわ》を下《くだ》り、王家《おうけ》の担《にな》い駕籠《かご》でメンフィスの宮殿《きゅうでん》へ運《はこ》ばれた。

テタの到着《とうちゃく》を聞《き》いたとき、クフは声《こえ》をあげた。「直《ただ》ちに、わしの前《まえ》に連《つ》れてきてくれ！」　そこで、テタは、エジプト中《じゅう》から集《あつ》められた重要《じゅうよう》な人《ひと》びとともに、王座《おうざ》に坐《すわ》って待《ま》ち構《かま》えているファラオがいる、大《おお》きな柱《はしら》の広間《ひろま》へ通《とお》された。

ファラオがテタに話《はな》しかけた。「偉大《いだい》な魔法《まほう》の達人《たつじん》よ、どうして今《いま》までそなたに会《あ》わなかったのであろうか？」

すると、テタが答《こた》えた。「召喚《しょうかん》された者《もの》はやってまいります。善《よ》き神《かみ》ファラオ・クフ――命《いのち》と健康《けんこう》と力《ちから》がともにありますように！――がわたしを召《め》し出《だ》されましたので、わたしはご覧《らん》のとおりここにおります」

そこでファラオがいった。「聞《き》かされたごとくに、そなたは、打《う》ち落《お》とされた首《くび》を元《もと》の場所《ばしょ》に戻《もど》せるというのは本当《ほんとう》なのか？」

すると、テタが答《こた》えた。「わたしの一一〇年《ねん》の魔法《まほう》と知恵《ちえ》で、できるというのは本当《ほんとう》です」

「牢獄《ろうごく》から、死刑《しけい》を宣告《せんこく》された者《もの》を一人《ひとり》連《つ》れてこい」と、クフが命《めい》じた。「そして、死刑執行人《しけいしっこうにん》に、罪人《つみびと》の死刑宣告《しけいせんこく》を執行《しっこう》させよう」

けれども、テタが叫《さけ》んだ。「人《ひと》ではなくお願《ねが》いします、わたしの主《しゅ》よ。何《なに》か他《ほか》の生《い》きものの首《くび》をはねることをお命《めい》じくださいませ」

そこで、一羽《わ》のアヒルが柱《はしら》の広間《ひろま》に連《つ》れてこられて、首《くび》をはねられ、体《からだ》と首《くび》が別々《べつべつ》になった。そして、テタが滔々《とうとう》と力《ちから》の言葉《ことば》を唱《とな》えると、その秘密《ひみつ》の魔法《まほう》で、アヒルの体《からだ》は地《じ》面《めん》の上《うえ》で羽《は》ばたき、同時《どうじ》に首《くび》も動《うご》いて、体《からだ》と首《くび》が一緒《いっしょ》になった。そして、二つの部分《ぶぶん》がつながると、アヒルは立《た》ち上《あ》がって、羽《はね》をばたつかせクワァックワァッと鳴《な》いた。

その後《あと》、ガチョウが連《つ》れてこられて、同《おな》じ魔法《まほう》が披露《ひろう》された。それから、牡牛《おうし》が首《くび》をはねられたとき、テタが、魔法《まほう》を現《あらわ》す偉大《いだい》な力《ちから》の言葉《ことば》を口《くち》に出《だ》すと、死《し》んでいた牡牛《おうし》はモーと鳴《な》いて立《た》ち上《あ》がり、自分《じぶん》の端綱《はづな》を地面《じめん》に引《ひ》きずりながら、柱《はしら》の広間《ひろま》を横切《よこぎ》ってテタに近《ちか》づいた。

そこでファラオがいった。「そなたについて伝《つた》えられていることはすべて真実《しんじつ》だとわかった、偉大《いだい》な魔法使《まほうつか》いテタよ。しかし、いま、わしが知《し》りたいと切《せつ》に望《のぞ》んでいることが何《なに》かわかるだろうか。イムヘテプが力《ちから》の言葉《ことば》を記《しる》したパピルスの場所《ばしょ》じゃ。それは、ジョセルと、そう、偉大《いだい》なわが父《ちち》スネフエルのためのピラミッドを建《た》てるときに使《つか》われた言葉《ことば》なのだ」

「そのパピルスがある場所《ばしょ》をあなた様《さま》に教《おし》えることができます」と、テタは答《こた》えた。「それは、ヘリオポリスにあるアメン・ラーの偉大《いだい》な神殿《しんでん》に隠《かく》されている、火打《ひう》ち石《いし》を入《い》れる小箱《こばこ》の中《なか》にあります。その小箱《こばこ》がどこに隠《かく》されているかはわかりませんが、あなた様《さま》のためにその小箱《こばこ》を見《み》つけることができるただ一人《ひとり》の人物《じんぶつ》を、わが術《わざ》によって知《し》ることができます。ええ、それが誰《だれ》だかを教《おし》えることができます」

「そうなら話《はな》してくれ、もっとも偉大《いだい》な魔法使《まほうつか》いよ！」と、クフは熱《ねつ》をこめて叫《さけ》んだ。「そなたへの褒美《ほうび》は真《まこと》に偉大《いだい》なものとなろうぞ」

「まさに今夜《こんや》、ヘリオポリスの祭司《さいし》の妻《つま》が子《こ》を三人《にん》産《う》み、アメン・ラーの魂《たましい》がその子《こ》らに宿《やど》るでしょう。彼女《かのじょ》の名《な》はレドジェデトといい、その子《こ》らの一人《ひとり》が、あの小箱《こばこ》を見《み》つけることになるでしょう。そして、彼女《かのじょ》の子《こ》どもの一人《ひとり》が、エジプト中《じゅう》を治《おさ》めておられるあなた様《さま》がお坐《すわ》りになっている、その場所《ばしょ》に坐《すわ》ることになるでしょう」と、テタは答《こた》えた。

すると、クフの心《こころ》は揺《ゆ》さぶられ、こういった。「使《つか》いをやり、レドジェデトが子《こ》を産《う》む前《まえ》に、彼女《かのじょ》を殺《ころ》したほうが絶対《ぜったい》にいいだろう。なぜなら、その子《こ》らの一人《ひとり》は、裏切《うらぎ》りによってしか、エジプトのファラオにはなれないのだから」

けれども、テタがいった。「あなた様《さま》のお心《こころ》を煩《わずら》わせられませんように。レドジェデトの息子《むすこ》の一人《ひとり》が、上《かみ》エジプトと下《しも》エジプトを治《おさ》めるその王座《おうざ》に坐《すわ》る前《まえ》に、あなた様《さま》のご子息《しそく》カフラーがお継《つ》ぎになり、その後《あと》は、そのご子息《しそく》メンカウラーがお継《つ》ぎになります。今夜《こんや》生まれるこの子《こ》ども以外《いがい》には、力《ちから》の言葉《ことば》を見《み》つけることも語《かた》ることもできません。そして、その子《こ》どもが力《ちから》の言葉《ことば》を語《かた》れば、ギザに三つの偉大《いだい》なピラミッドが建《た》ち上《あ》がり、永遠《えいえん》に残《のこ》るでしょう。けれども、もし、その子《こ》が語《かた》らなければ、あなた様《さま》が建《た》てたもの、あなた様《さま》のご子息《しそく》が建《た》てたもの、そのまたご子息《しそく》が建《た》てたもののすべてが、倒《たお》れ崩《くず》れて砂漠《さばく》の砂《すな》と化《か》すでしょう」

そこで、クフは、レドジェデトの子《こ》どもたちはヘリオポリスですべての人《ひと》から尊敬《そんけい》されて暮《く》らすこと、そして、もし彼《かれ》らに手《て》をあげる者《もの》がいたら、たとえその者《もの》がエジプトの王子《おうじ》であろうとも、恥辱《ちじょく》の死《し》を遂《と》げ、肉体《にくたい》は破壊《はかい》され、その者《もの》の〝カア〟も朽《く》ち果《は》てるであろう、という布告《ふこく》を出《だ》した。そして、魔法使《まほうつか》いのテタに宮殿《きゅうでん》で余生《よせい》を過《す》ごしてもらうようにと、デデフホルに命《めい》じた。日々《ひび》、五〇〇個《こ》のパンと、一〇〇口《くち》の麦酒《ビール》と、牛《うし》の脇腹肉《わきばらにく》を、そして彼《かれ》が望《のぞ》むものは何《なん》なりと与《あた》えるよう命《めい》じた。

そうしている間《ま》に、レドジェデトに三人《にん》の子《こ》が産《う》まれた。長子《ちょうし》のウセルカフがまだ幼《おさな》い頃《ころ》のあるとき、アメン・ラーの神殿《しんでん》で遊《あそ》んでいると、力《ちから》の言葉《ことば》が記《しる》されたパピルスの巻物《まきもの》が入《はい》った火打《ひう》ち石《いし》の小箱《こばこ》を見《み》つけた。そして、若《わか》い祭司《さいし》になったとき、ギザでのクフの偉大《いだい》なピラミッドの落成式《らくせいしき》で、その力《ちから》の言葉《ことば》を読《よ》み上《あ》げた。高位《こうい》の司祭《しさい》になったとき、カフラーのピラミッドの落成式《らくせいしき》で、力《ちから》の言葉《ことば》を読《よ》み上《あ》げた。次代《じだい》のファラオに選《えら》ばれたとき、メンカウラーのピラミッドの落成《らくせい》式《しき》で、力《ちから》の言葉《ことば》を読《よ》み上《あ》げた。そして、メンカウラーが自分《じぶん》のピラミッドに横《よこ》たわったとき、ウセルカフは、全《ぜん》エジプトのファラオとなった。第《だい》五王朝《おうちょう》初代《しょだい》のファラオである。

邪神《じゃしん》セトに対《たい》する力《ちから》の言葉《ことば》と呪文《じゅもん》の成果《せいか》はというと、ファラオ・クフが願《ねが》った通《とお》りにすべて効力《こうりょく》を表《あらわ》したようだった。なぜなら、クフ、カフラー、メンカウラーの三つの偉大《いだい》なピラミッドは、今日《こんにち》、ギザに建《た》っているのだから。古代世界《こだいせかい》の七不思議《ふしぎ》の第《だい》一番目《ばんめ》のもので、五〇〇〇年近《ねんちか》くを経《へ》た現在《げんざい》も建《た》っている唯一《ゆいいつ》のものである。

（つづく）

（左から）メンカウラー、カフラー、クフのピラミッド
それぞれ高さは、65m、136m、138m。

学校で子どもと本を読む⑬

野田ひかる（学校司書）

三学期もあわただしい中で各クラスにどんどん読んでいきました。

一年生から四年生と特別支援学級に読んだ絵本は表の通りです。五年生には二学期に読めなかった二クラスに、『ありがたいこってす！』を読みました。他のクラス同様大変楽しんで聞いてくれました。

一年生は、引き続き絵本を楽しく聞いてくれる気持ちが伝わってきました。『おふろばをそらいろにぬりたいな』を笑顔で（声を出して笑っている子もいました。）自由に楽しんでくれている様子を見て、子ども時代っていいなと思いました。

二年生に『あおい目のこねこ』を読んだ時は、主人公のあおい目のこねこに自分の心を重ねて聞いてくれているのがわかりました。あおい目のこねこが自分の思い通りにならない時にも前向きに明るく物ごとを捉えて生きる姿に、勇気を得てくれていたら嬉しいです。

三年生には『ぞうのババール』を読みました。本当に真剣に楽しんで聞いてくれて、読んで良かった、これからも必ず読んでいこうと思いました。ババールのお母さんが死んでしまうところでは心配そうな顔をしていた（この展開にはびっくりしていたようです。）子どもたちも、その後にババールがお金持ちの優しいおばあさんと出会ってデパートに行ったり車に乗ったりする場面では、「いいなあ」「すごい！」と言ったり笑ったりしながら聞いていました。他にも『ババールのしんこんりょこう』『おうさまババール』『ババールのこどもたち』『ババールとサンタクロース』を図書室の本として購入して「おすすめの本」のコーナーに置いているので、「これも面白いので、良かったら自分で読んでね」と紹介しましたら、多くの子が借りたり読んだりしてくれました。

四年生に読んだ中では、『せかい1おいしいスープ』がいちばん多くの子どもたちに楽しんでもらえたようでした。途中から笑いながら聞いてくれる子がたくさんいて、みんなでお話の面白さを共有できた良い時間を過ごせました。表の中に「『野うさぎのフルー』他4冊ブックトーク」とあるのは、『野うさぎのフルー』『りすのパナシ』『くまのブウル』『かものプルッフ』『かわせみのマルタン』をブックトークの中で紹介したということです。

特別支援学級では、三月のいちばん最後の図書の時間に『シナの五にんきょうだい』を読んだ時のみんなの反応が印象に残っています。途中から笑いだす子もいて、その何人かに引っ張られるように最後まで楽しく聞いてくれました。特別支援学級の子どもたちがこのお話をしっかり楽しんでくれたことが私もとても嬉しかったです。

五年生と六年生にはほとんど図書の時間がなかったので（特に六年生には全然ありませんでした。）、本を手渡すことができず残念でしたが、この傾向はこれからも続くと思われます。一年生から四年生までの間にできるだけ多くの楽しい絵本や本を読んだり紹介したりして、「本は楽しい」という経験を積んでもらいたいと考えています。

本誌一八〇号の「幼い子どもたちの桂冠詩人マーガレット・ワイズ・ブラウン」の文章の中で、ブラウン女史の言葉として「本は、単純明快なリズムについていって、筋の通った最後にたどり着いた子どもたちを笑わせたり、頭をすっきりと幸せな気分にさせたりすることができる。」とあります。私は正にこの光景を毎日見せてもらっている気がします。子どもたちは毎回感想を言ってくれるわけではないのですが、時には「楽しかった」とか「最後が良かった」と伝えてくれることもあります。三年生のクラスに『ずどんといっぱつ すていぬシンプだいかつやく』を読み終わった時に「良かった！ ピエロのおじさんはシンプを捨てなかった！」と嬉しそうに言ってくれた男子がいました。正に、一冊の絵本を最初から最後まで味わい楽しんですっきり幸せな気分になった顔をしていました！

四月から引き続き、このK小学校に勤務することになりました。同じ子どもたちとまた本を楽しんでいけるのが嬉しいです。

1年生　3学期

じてんしゃにのるひとまねこざる
かさじぞう
くんちゃんのはたけしごと
おへやのなかのおとのほん
けいてぃ
アンガスとねこ
へびのクリクター
くんちゃんはおおいそがし
まいごのアンガス
ブルーベリーもりでのプッテのぼうけん
げんきなマドレーヌ
もうふ
かしこいビル
しずくのぼうけん
ゆき
いたずらこねこ
マリールイズ　いえでする
とだな
いぬ
くんちゃんとにじ
おふろばをそらいろにぬりたいな
きょうはよいてんき
どうぶつうります
ろけっとこざる
ねぇ、どれがいい？

『シナの五にんきょうだい』　クレール・H・ビショップ作、クルト・ビーゼ絵、石井桃子訳、福音館書店、1961年

4年生 3学期

ありがたいこってす！
ずどんといっぱつ すていぬシンプだいかつやく
アディ・ニハァスの英雄（「山の上の火」より）
赤い目のドラゴン
ライオンとねずみ
せかい1おいしいスープ
ぞうのババール
鬼のうで
とらとほしがき
「ドリトル先生」シリーズ（ブックトーク）
ごきげんならいおん
きんいろのしか
ものいうほね
「野うさぎのフルー」他4冊ブックトーク
スーホの白い馬

特別支援学級 3学期

かさじぞう
おへやのなかのおとのほん
王さまと九にんのきょうだい
けいてぃ
いたずらきかんしゃ ちゅうちゅう
しずくのぼうけん
へんなどうつぶ
シナの五にんきょうだい

2年生 3学期

けいてぃ
がちょうのペチューニア
いたずらきかんしゃ ちゅうちゅう
へびのクリクター
しずくのぼうけん
あおい目のこねこ
げんきなマドレーヌ
ペチューニアごようじん
100まんびきのねこ
きょうはよいてんき
おばけリンゴ

3年生 3学期

ずどんといっぱつ すていぬシンプだいかつやく
けいてぃ
とらとほしがき
せいめいのれきし（ブックトーク）
チムとゆうかんなせんちょうさん
ぞうのババール
ごきげんならいおん
コウモリのルーファスくん
クモのアナンシ（ブックトーク）
いしになったかりゅうど
沖釣り漁師のバート・ダウじいさん
いたずらきかんしゃ ちゅうちゅう
マイク・マリガンとスチーム・ショベル
「長くつ下のピッピ」シリーズ（ブックトーク）

『ぞうのババール こどものころのおはなし』
ジョン・ド・ブリュノフ 作・絵、
矢川澄子 訳、
評論社、1974年

『せかい1おいしいスープ』
マーシャ・ブラウン作・絵、
渡辺茂男 訳、
ペンギン社、
1979年

かわいそうなステンレス

メアリー・ノートン
青木祥子＝訳

この短篇は、エリナー・ファージョンが亡くなった翌年の一九六六年に、ファージョンを讃えて、十二人の作家たちが一篇ずつ寄せた『The Eleanor Farjeon Book』という一冊に収められています。メアリー・ノートンの他には、ジェイムズ・リーブズ、ローズマリー・サトクリフ、ルース・エインズワース、イアン・セレイリア、ウィリアム・メイン、ルーマー・ゴッデンなどが書いています。そして、各篇に一枚ずつ、エドワード・アーディゾーニがさし絵をつけています。

あの指《ゆび》ぬき、あの片方《かたほう》の靴下《くつした》、あのメガネ、いったい誰《だれ》が持《も》っていくのでしょう？　わたしたちは皆《みな》、どうして小《ちい》さいものが不《ふ》思議《しぎ》と消《き》えてしまうのかを知《し》っています。この秘密《ひみつ》を解《と》き明《あ》かしたのは、メアリー・ノートンです。そういうものは消《き》えたのではなく、「借《か》りられた」のです。消《き》えてしまったこういう家庭用品《かていようひん》を巧《たく》みに自分《じぶん》たちの用向《ようむ》きに改造《かいぞう》して、この小《ちい》さな人《ひと》たち、〝借《か》り暮《ぐ》らし〟たちは、気《き》づいていない人間《にんげん》たちの足元《あしもと》で何《なん》とか暮《く》らしを立《た》てているのです。実際《じっさい》に、何年《なんねん》もの間《あいだ》、ポッドは、妻《つま》のホミリーと、娘《むすめ》のアリエッティと一緒《いっしょ》に、大《おお》きなお屋敷《やしき》の台所《だいどころ》の床《ゆか》下《した》で心地《ここち》よく暮《く》らしていました。ある日《ひ》、災難《さいなん》がふりかかり、三人《にん》は、未知《みち》の危険《きけん》がある戸外《こがい》で、新《あたら》しい暮《く》らしを始《はじ》めなければなりませんでした。アリエッティはむしろこの新《あたら》しい体験《たいけん》を楽《たの》しみましたが、母《かあ》さんのホミリーは始終《しじゅう》、大《おお》きなお屋敷《やしき》の中《なか》の、古《ふる》き良《よ》き時代《じだい》を懐《なつ》かしんでいました。

メアリー・ノートン（一九〇三―一九九二）イギリスの作家。『床下の小人たち』とそれにつづく「小人の冒険シリーズ」が代表作。本短篇は、この小人たちの物語。

「さあ」と、アリエッティはホミリーにいいました。「母《かあ》さんが昔《むかし》、どんなことをしてたか、話《はな》して」

熱意《ねつい》のこもったひと息《いき》とともに出《で》てきたこの文句《もんく》は、言葉《ことば》としての意味《いみ》はほとんど失《うしな》っていました――それは、単調《たんちょう》な仕事《しごと》をするときの、ひまつぶしをしたいためにいつも口《くち》からついて出《で》てくる言葉《ことば》だからです。二人《ふたり》は、黄《き》ばんだ四角《かく》いシフォン生地《きじ》からスパンコールをはずしていました。ホミリーがはずして、アリエッティが、そのキラキラした丸《まる》いものを薄青《うすあお》い絹糸《きぬいと》に通《とお》していました。春《はる》の晴《は》れた日《ひ》で、二人《ふたり》は外《がい》壁《へき》に通《つう》じる鉄格子《てつごうし》の横《よこ》に坐《すわ》っていました。お日《ひ》さまの光《ひかり》が鉄《てつ》格子《ごうし》を通《とお》って十字模様《じもよう》を作《つく》り、柔《やわ》らかな風《かぜ》が二人《ふたり》の髪《かみ》の毛《け》を揺《ゆ》らしました。

「そうねえ」と、しばらくしてホミリーがいいました。「わたしが大《おお》きなろうそくに火《ひ》をつけた時《とき》の話《はなし》はしたっけ？」

「床板《ゆかいた》に穴《あな》を開《あ》けたんだよね――そして、上《うえ》の階《かい》のカーペットにもでしょ？　人間《にんげん》たちが悲鳴《ひめい》をあげて、母《かあ》さんの父《とう》さんがマッチ棒《ぼう》でぶったんでしょ？　そうね、その話《はなし》は聞《き》いたわ」

「ランプの糸心《いとしん》にするために、父《とう》さんが借《か》りてきたろうそくだったんだよ。すばらしく光《ひか》ってたね」と、ホミリーがいいました。

「上《うえ》の階《かい》の料理人《りょうりにん》が、煮《に》えてるマーマレードをひっくり返《かえ》しちゃって、それが板《いた》のすきまから全部《ぜんぶ》こぼれてきたときの話《はなし》をして」

「ああ、あれはひどかったねえ」と、ホミリーがいいました。「でもね、わたしたちは、それを、ほとんどだけどね、ドングリのカップと、モルヒネのチューブが入《はい》ってた空《から》の缶《かん》に詰《つ》めたのよ。でも、その汚《よご》れかたといったら！　ああ、めちゃくちゃだった。母《かあ》さんは気《き》が触《ふ》れそうだったよ。それから、わたしらのカーペットの隅《すみ》っこは、何《なん》か月《げつ》もの間《あいだ》、甘《あま》かったよ」と、ホミリーは考《かんが》えにふけるようにつけくわえて、仕事《しごと》でザラザラになった手《て》で、空気《くうき》が動《うご》くと煙《けむり》のようにふわふわ動《うご》いてかすかに光《ひか》るシフォン生地《きじ》をなでました。

「そうだ」と、突然《とつぜん》、アリエッティが声《こえ》をあげました。「あのドブネズミのことを話《はな》して！」

「ああ、またあれかい？」と、ホミリーがいいました。

ホミリーは、スパンコールに映《うつ》る自分《じぶん》を見《み》ていました。それは、ホミリーにとっては手鏡《てかがみ》と同《おな》じくらいの大《おお》きさでした。「白髪《しらが》が増《ふ》えてきたねえ」といいました。エプロンの角《かど》でスパンコールを磨《みが》いて、こめかみあたりの髪《かみ》の毛《け》をなでながらもう一度《ど》よく見《み》ました。「かわいそうなステンレスのことは話《はな》したっけ？」

「それ、誰《だれ》？」と、アリエッティが聞《き》きました。

「ナイフ研ぎ器《マシン》の家《うち》の男《おとこ》の子《こ》」

「してないと思《おも》うわ」と、アリエッティははっきりしないという調子《ちょうし》でいいました。

「わたしが初《はじ》めて上《うえ》の階《かい》へ行《い》った時《とき》だよ。ステンレスを捜《さが》すためにね」と、ホミリーは、スパンコールをのぞきながら、こめかみの髪《かみ》の毛《け》を少《すこ》し持《も》ち上《あ》げながらいいました。「あーあ」と、いささかがっかりした声《こえ》でいいました。

「わたしは、白髪《しらが》、好《す》きよ」と、アリエッティは、そっとスパンコールを受《う》け取《と》りながらやさしくいいました。「母《かあ》さんに似合《にあ》ってるもの。かわいそうなステンレスがどうしたの？」

「あのね、いなくなったんだよ。だから、わたしらみんなで、上《うえ》の階《かい》に行《い》って捜《さが》したんだ。指示《しじ》が出《で》たのさ」と、ホミリーがいいました。

「誰《だれ》が出《だ》したの？」と、アリエッティが聞《き》きました。

「もちろん、おじいちゃんだよ。流《なが》し場《ば》を初《はじ》めて見《み》たんだ。一度《ど》行《い》って行《い》き方《かた》がわかったから、その後《あと》は、ちょくちょくこっそり上《あ》がってたけど、誰《だれ》もそんなこと知《し》らなかった。ああ、こんなこと、おまえにいうんじゃなかった！」

「そんなこといいから」と、アリエッティがいいました。

「かわいそうなステンレス……。あの家族《かぞく》の中《なか》でいちばん小《ちい》さい子《こ》だったよ。ナイフ研ぎ器《マシン》が置《お》いてあったテーブルと同《おな》じ高《たか》さの漆喰壁《しっくいかべ》の穴《あな》の中《なか》に住《す》んでたんだ。あの家族《かぞく》は、借《か》り物《もの》は全部《ぜんぶ》、流《なが》し場《ば》ですませてた。事実上《じじつじょう》、菜食主義者《さいしょくしゅぎしゃ》だったね。ニンジン、カブ、カラシナ、セロリ、エンドウ豆《まめ》、インゲン豆《まめ》やなんか全部《ぜんぶ》だね。全部《ぜんぶ》、庭師《にわし》のクランプファールさんがカゴに入《い》れて持《も》ってきたもんだよ。あの家族《かぞく》は、顔《かお》の色《いろ》つやがよかったねえ。みんなだよ。特《とく》に、ステンレスはそうだった。ステンレスのほっぺは、リンゴの花盛《はなざか》りみたいだったよ。〝陽気《ようき》なかわいい天使《てんし》〟って、あの子《こ》の母《かあ》さんは呼《よ》んでたね。大人《おとな》はみんな、ステンレスに夢中《むちゅう》だったよ。ステンレスは、家族《かぞく》とはうまくやってたね。でも、わたしらとはちがった。わたしらはあの子《こ》が好《す》きじゃなかったよ」

「どうして？」と、急《きゅう》におもしろそうになってきたというふうにアリエッティが聞《き》きました。

「うーん、何《なん》ていうか」と、ホミリーがいいました。「意地《いじ》悪《わる》なとこかな——からかってるという感《かん》じかな。でも、それがステンレスのせいだってバレることがないようにするのさ。黒《くろ》くてピカピカ光《ひか》る虫《むし》を、うちの滑《すべ》り通路《つうろ》に追《お》い込《こ》んだんだ。角《つの》のある大《おお》きなやつでね。わたしらには、ステンレスがやったってことがわかってるんだけど、証明《しょうめい》することができないんだよ。それから、何度《なんど》も、うちの床板《ゆかいた》の上《うえ》を這《は》い回《まわ》り、紐《ひも》につけた曲《ま》がったピンをうちの天井《てんじょう》の割《わ》れ目《め》から垂《た》らして、わたしを引《ひ》っかけたよ。お客《きゃく》があるときはいつもさ。ステンレスは、お客《きゃく》に呼《よ》ばれるにはまだ小《ちい》さかったからね。でも、ステンレスに引《ひ》っかけられるなんて、おかしくも何《なん》ともない。一度《ど》なんか、髪《かみ》の毛《け》を引《ひ》っかけられたよ。それから、そんなふうな頃《ころ》に……」と、ホミリーは別《べつ》のスパンコールを手《て》に取《と》って、悦《えつ》に入《い》っていいました。「わたしの髪《かみ》は、自慢《じまん》の種《たね》だった」ホミリーは、考《かんが》えにふけるようにスパンコールを見《み》つめてから、ため息《いき》をついて置《お》きました。


「まあ、とにかく」と、ぶっきらぼうに続《つづ》けました。「ステンレスは消《き》えたんだよ。何《なに》をすべきか！　ステンレスの母《かあ》さんは、パセリを借《か》りに行《い》かせたんだね。それが朝《あさ》の十一時《じ》十五分《ふん》で、夜《よる》になっても帰《かえ》ってこなかった。そして、その夜《よる》じゅう帰《かえ》ってこなかった。

パセリのことをよくわかってほしいんだけど、そんなのいちばん簡単《かんたん》な借《か》り物《もの》で、すぐ済《す》んじまうはずなんだよ。五分《ふん》もありゃ、持《も》ってこれるんだよ。つまり、しなくちゃいけないことは、ナイフ研ぎ器《マシン》の置《お》いてあるテーブルの端《はし》の、羽目《はめ》板《いた》の天辺《てっぺん》まで行《い》って、飛《と》び降《お》りて（ほんのちょっとね）水切《みずき》り台《だい》の上《うえ》に下《お》りる。パセリはいつも流《なが》しの後《うし》ろの、すり減《へ》って穴《あな》の開《ひら》いた亜鉛板《あえんばん》の棚《たな》にのせてあった古《ふる》いジャムの瓶《びん》に差《さ》してあったんだよ。

誰《だれ》かがあとから、ステンレスはパセリを借《か》りにやるには小《ちい》さすぎたんだよっていってた。連中《れんちゅう》は、ステンレスの父《とう》さんと母《かあ》さんを責《せ》めたよ。だけどさ、母《かあ》さんだけで、ナイフ研《マ》ぎ器《シン》の後《うし》ろで一人《ひとり》で、家族全員《かぞくぜんいん》の食事《しょくじ》の支度《したく》をしてたんだよ。大《おお》きな子《こ》たちは父《とう》さんと一緒《いっしょ》に借《か》りに出《で》ていて。話《はな》したように、ステンレスはいつだってとにかく、母《かあ》さんが背中《せなか》を向《む》けた途端《とたん》に外《そと》に出《で》るような子《こ》だったよ。わたしらを悩《なや》ませたり何《なん》やかやしたり、割《わ》れ目《め》からささやいたりして。『見《み》えてるよ』といってたよ。うちの父《とう》さんが天井《てんじょう》に壁紙《かべがみ》を貼《は》るまでは、ステンレスがいたんじゃプライバシーも何《なに》もあったもんじゃなかったよ。まあ、とにかく」と、息《いき》をついでホミリーは続《つづ》けました。「ステンレスは消《き》えた。次《つぎ》の日《ひ》も。すてきに晴《は》れた午後《ごご》の三時《じ》きっかりに、わたしらはみんなで、上《うえ》に行《い》って捜《さが》したんだ。ドライヴァおばさんが午後《ごご》の外出《がいしゅつ》をし、メイドたちもみな、休《やす》んでたからね。

わたしらはみんな、指示《しじ》に従《したが》った。庭仕事用《にわしごとよう》のブーツと靴《くつ》ブラシの間《あいだ》を捜《さが》す者《もの》やら、大《おお》きな野菜《やさい》入《い》れの箱《はこ》を捜《さが》す者《もの》やら、わたしの父《とう》さんと、ヘンドリアリおじさんの父《とう》さんと、力持《ちからも》ちの何人《なんにん》かは、木《き》のスプーンを縛《しば》りつけたスパナを運《はこ》ばなくちゃならなかった。流《なが》しの下《した》の排水管《はいすいかん》の曲《ま》がったところを取《と》りはずすためにね。

わたしは、止《と》まってそれを見《み》てた。他《ほか》の何人《なんにん》かもそうだったよ。父《とう》さんたちは、流《なが》しの下《した》で、逆《さか》さにしたバケツの底《そこ》に乗《の》って、庭師《にわし》のクランプファールさんがリンゴ圧搾器《あっさくき》を回《まわ》すときみたいにグルグル回《まわ》ってた。突然《とつぜん》、ガチャンという大《おお》きな音《おと》がして、ネジが落《お》ちてきて、脂《あぶら》っこい水《みず》がバケツの底《そこ》いっぱいにあふれてきたんだ。ああ、ああ」と、ホミリーは叫《さけ》びながらちょっと笑《わら》ってから、笑《わら》ったりして悪《わる》かったと恥《は》ずかしそうにしました。「かわいそうな男《おとこ》たちったら！　どのおかみさんも、自分《じぶん》の夫《おっと》がちゃんと流《なが》し台《だい》に登《のぼ》って蛇口《じゃぐち》をひねるまでは、家《いえ》に入《い》れようとしなかったよ。ぬるま湯《ゆ》が出《で》てくることになってるお湯《ゆ》の蛇口《じゃぐち》だった。何《なに》をすべきか、だよね。でもまだ、ステンレスは見《み》つからなかった。

わたしら子《こ》どもは家《いえ》に帰《かえ》されたけど、男《おとこ》たちが捜索《そうさく》をやめたのは、それからたっぷり四時間《じかん》もしてからだった。黙《だま》ったままで食事《しょくじ》をしたのを覚《おぼ》えてるよ。母《かあ》さんたちは鼻《はな》をすすり、目《め》をこすっていた。夕食《ゆうしょく》のあと、弟《おとうと》が、持《も》っていた古《ふる》い乾《かわ》いたエンドウ豆《まめ》でビー玉遊《だまあそ》びを始《はじ》めたら、母《かあ》さんが叱《しか》ったよ。『今《いま》は静《しず》かにしててちょうだい。敬意《けいい》ってものがないのかい、え？　父《とう》さんや他《ほか》の勇敢《ゆうかん》な人《ひと》たちが上《うえ》の階《かい》で何《なん》やってるか考《かんが》えなさい！』　母《かあ》さんが「上《うえ》の階《かい》」といったとき、髪《かみ》の毛《け》が逆立《さかだ》ったよ。

そうなんだけど、わかるだろ、アリエッティ？　わたしは流《なが》し場《ば》が好《す》きだった。そこで見《み》たのは――お日《ひ》さまが中庭《なかにわ》へ出《で》るドアから差《さ》し込《こ》んで、古《ふる》いレンガの床《ゆか》を温《あたた》めてた。そして、ローリエの束《たば》やら、乾燥《かんそう》させたタイムやら。だけど、覚《おぼ》えてるのは、流《なが》しの下《した》に一つ、下駄箱《げたばこ》の下《した》に一つ、置《お》いてあったネズミ取《と》り。それが何《なん》だか知《し》ってる者《もの》には危険《きけん》でも何《なん》でもなくて、父《とう》さんは、ジャガイモをそこへ転《ころ》がして、パチンといわせた。でも、カチッという時《とき》、ネズミ取《と》りはちょっと跳《と》び上《あ》がるんだよ。これにはビックリさせられたよ。ほんとに危険《きけん》なのはそんなものじゃなくて、庭師《にわし》のクランプファールさんだったよ。夕食用《ゆうしょくよう》の野菜《やさい》を採《と》ってきて、裏口《うらぐち》から突然入《とつぜんはい》ってくるからね。それから、料理人《りょうりにん》のドライヴァおばさんもね。午後《ごご》の外出《がいしゅつ》から帰《かえ》ってくると、やかんに水《みず》を入《い》れるからね。それに当時《とうじ》は、この家《いえ》の中《なか》に、ラディッシュやらリンゴが好《す》きになって、流《なが》し場《ば》のドアの後《うし》ろにある樽《たる》から取《と》りたくてやってくるのもいたね。

とにかく、暗《くら》くなってから捜索《そうさく》は中止《ちゅうし》になった。わたしらの母《かあ》さんたちは、夫《おっと》たちが無事《ぶじ》に戻《もど》ってきたことに感謝《かんしゃ》して、夕食《ゆうしょく》を運《はこ》んできたりスリッパを持《も》ってきたりして大騒《おおさわ》ぎした。そして、みんなひそひそ声《ごえ》でしゃべってた。わたしたちはベッドへやられた。

その時《とき》までには、わたしら子《こ》どもも深刻《しんこく》さを感《かん》じてたよ。暖《あたた》かい掛《か》け布団《ぶとん》に気持《きも》ちよくくるまりながら、ステンレスのことを考《かんが》えないではいられなかった。かわいそうなステンレス。きっと、あの排水管《はいすいかん》の曲《ま》がったところを通《とお》り越《こ》して、流《なが》しの排水管《はいすいかん》を落《お》ちてって下水溝《げすいこう》に行《い》っちゃったんだ、と。下水溝《げすいこう》に住《す》んでいる借《か》り暮《ぐ》らしたちがいるのは知《し》っていたよ。ドブネズミみたいに野蛮《やばん》で攻撃的《こうげきてき》な、ひどくいやな連中《れんちゅう》だった。一度《ど》、うちの弟《おとうと》がその連中《れんちゅう》の一人《ひとり》と遊《あそ》んで、腕《うで》を噛《か》まれて、シャツを盗《ぬす》まれたんだ。その後《あと》、弟《おとうと》にはひどい発疹《ほっしん》が出《で》たよ。

次《つぎ》の日《ひ》、二人《ふたり》のひいじいさんがまた会合《かいごう》を開《ひら》いた。二人《ふたり》ともいちばん年上《としうえ》で、いつもいろんなことを決《き》めてたんだ。ひとりのひいじいさんは、わたしの父《とう》さんの大《おお》おじさんだった。もう一人《ひとり》は誰《だれ》だったか……今《いま》は思《おも》い出《だ》せないな」

「そんなこと気《き》にしなくていいから」と、アリエッティがいいました。

「そうさね」と、ホミリーがいいました。「かいつまんでいえば、わたしたちはみんなで上《うえ》の階《かい》に上《あ》がって、全部《ぜんぶ》の部屋《へや》の隅《すみ》から隅《すみ》まで行《い》ったんだよ。その頃《ころ》のファイアーバンクの家《いえ》は、借《か》り暮《ぐ》らしでいっぱいでね、少《すく》なくともそう見《み》えた。顔《かお》も知《し》らない人《ひと》もいたよ。けれども、わたしらは、捜《さが》せるかぎり、そういう人《ひと》たちを捜《さが》し出《だ》して、かわいそうなステンレスのことを頼《たの》んだよ。家《いえ》から家《いえ》への大捜索《だいそうさく》って呼《よ》んでたね」

「まあ！」と、アリエッティが息《いき》をのみました。

「わたしたちは、みんな行《い》ったんだよ」と、ホミリーがいいました。

「女《おんな》の人《ひと》も、子《こ》どもも？」

「そう、みんな」と、ホミリーがいいました。「とっても小《ちい》さい子《こ》をのぞいて」

ホミリーは、空《くう》を見《み》つめて顔《かお》をしかめながらじっと坐《すわ》っていました。まるで、その顔《かお》は、記憶《きおく》が刻《きざ》みつけられているように見《み》えました。「年寄《としよ》りたちはむちゃさせてるっていう者《もの》もいた」と、ホミリーは、すぐに後《あと》を続《つづ》けました。「でも、この捜索《そうさく》はとても見事《みごと》に統制《とうせい》がとれていた。わたしらは、二人《ふたり》ずつで行《い》くことになっていた。各部屋《かくへや》に二人《ふたり》で。一階《かい》は年上《としうえ》の者《もの》と女《おんな》の子《こ》たち、這《は》うのは、若者《わかもの》ととても若《わか》い男《おとこ》の子《こ》たち何人《なんにん》かだった」

「這《は》うのって？」

「もちろん、家《いえ》の正面《しょうめん》を這《は》って登《のぼ》るのさ。寝室《しんしつ》を捜索《そうさく》しなくちゃいけないからね！」

「うん、わかったわ」と、アリエッティがいいました。

「当時《とうじ》、二階《かい》へ行《い》くには、そこを登《のぼ》っていくしかなかった。うちの父《とう》さんが帽子留《ぼうしど》めのピンを使《つか》うのを発明《はつめい》するずっと前《まえ》のことだからね。階段《かいだん》を相手《あいて》にできる者《もの》なんていなかった。一段《だん》一段《だん》の高《たか》いことといったら。それに取《と》っかかりになるところがないんだからねえ……」

「うん、わかった。這《は》う人《ひと》たちのことをもっと話《はな》して」

「かろうじて明《あか》るくなった、うんと朝早《あさはや》くに、若者《わかもの》たちが砂利《じゃり》の上《うえ》に並《なら》んで、どの窓《まど》が開《ひら》いているか下《した》から目星《めぼし》をつけた。それから、一、二、三、ゴーッて、みんなで始《はじ》めたんだよ。アイビーと藤《ふじ》の葉《は》っぱがみんな、痙攣《けいれん》してるみたいに揺《ゆ》れた。ああ、みんなは寝室《しんしつ》で見《み》つけたものについて報告《ほうこく》することになってたわけだけど、ステンレスの痕跡《こんせき》は何《なに》もなかった。一人《ひとり》のかわいそうな若者《わかもの》は、窓《まど》の下枠《したわく》に落《お》ちたんで、紐《ひも》にしがみついた。その紐《ひも》は、巻《ま》き上《あ》げ式《しき》のブラインドのだったんで、ブラインドが天井《てんじょう》まで巻《ま》き上《あ》がっちゃって、まるで木《き》の取《と》っ手《て》みたいにぶらさがった。最後《さいご》には自分《じぶん》で下《お》りた。自分《じぶん》を前後《ぜんご》に揺《ゆ》さぶってカーテン飾《かざ》りをつかみ、カーテンのボンボンを伝《つた》って下《お》りてきたんだよ。ナイトキャップを被《かぶ》った大《おお》きな人間《にんげん》が二人《ふたり》、ベッドでいびきをかいてるんだから、楽《たの》しいどころの騒《さわ》ぎじゃないやね。

わたしら女《おんな》や子《こ》どもは、下《した》の階《かい》を調《しら》べた。仕事《しごと》のやり方《かた》を知《し》っている男《おとこ》の人《ひと》に一人《ひとり》ずつついてもらってね。わたしらは、夕食《ゆうしょく》までに戻《もど》ってくるようにいわれてた。小《ちい》さい子《こ》たちが待《ま》ってるからね。でも、男《おとこ》の人《ひと》たちは、暗《くら》くなるまで探《さが》してたよ。わたしは、ボルティおじさんと一緒《いっしょ》だった。朝《あさ》の間《ま》に連《つ》れてってくれた。明《あか》るくなりはじめた、春《はる》の日《ひ》だったね――」と、ホミリーは意味《いみ》ありげに話《はなし》を止《と》めました。「そこで、オーヴァマントルの連中《れんちゅう》を初《はじ》めて見《み》たんだよ！」

「ああ」と、アリエッティが声《こえ》をあげました。「覚《おぼ》えてるわよ――マントルピースの上《うえ》に住《す》んでた、威張《いば》ってる借《か》り暮《ぐ》らしの人《ひと》たちでしょ？」

「そうだよ、あの人《ひと》たちだよ」と、ホミリーはいって、しばらく思《おも》い出《で》にふけっているようでした。「そこに何人《なんにん》いたかなんてわかんないんだよ。だって、鏡《かがみ》で倍《ばい》になって見《み》えてたんだから。その炉棚《オーヴァマントル》の飾《かざ》りは、天井《てんじょう》まで続《つづ》いていて、棚《たな》やらうねうねした柱《はしら》やらフラシ天《てん》の額《がく》がついた写真《しゃしん》なんかでいっぱいだった。おまえがそこにいたら、そのホウズキやら、パイプ・クリーナーの広口瓶《ひろくちびん》やら、日本《にほん》の扇《おうぎ》やらの向《む》こう側《がわ》を、連中《れんちゅう》が滑《すべ》るように歩《ある》いているのが見《み》えただろうよ。みんな、タバコやブランディや、その他《ほか》よくわからないものの匂《にお》いがしてた。でも、それは、部屋《へや》そのものの匂《にお》いだった。ロシア製《せい》の革《かわ》とか……そう、そんなもんだよ」

「続《つづ》けて」と、アリエッティがいいました。「その人《ひと》たちは、母《かあ》さんに話《はな》しかけたの？」

「わたしらに話《はな》しかけたかって！　オーヴァマントルの連《れん》中《ちゅう》がわたしらに口《くち》をきくもんですか！」と、ホミリーは短《みじか》い笑《わら》い声《ごえ》をあげた後《あと》、その記憶《きおく》を振《ふ》り払《はら》うように苦々《にがにが》しい顔《かお》で頭《あたま》を振《ふ》りました。頬《ほお》がかなり赤《あか》くなっていました。

「でも」と、アリエッティが気《き》まずい沈黙《ちんもく》を破《やぶ》ろうとしていいました。「ともかく、見《み》たんだよね！」

「ああ、わたしらはちゃんと見《み》たよ。そして、声《こえ》も聞《き》いたよ。あの朝《あさ》、そこにはたくさんいた。朝早《あさはや》くてね、人間《にんげん》たちはまだ寝《ね》てるのがわかってたから、みんなで滑《すべ》るように動《うご》いたり、話《はな》したり笑《わら》ったりしてた。それに女性《じょせい》をチヤホヤする男性《だんせい》に目《め》を向《む》けてもらうために着飾《きかざ》ってたね。間違《まちが》いなく、わたしらが見《み》えてただろうよ。ドアの横《よこ》に立《た》ってたんだから。でも、わたしらに目《め》を向《む》けたかって？　しなかったね、そんなこと。まっすぐ見《み》ないってことさね。自分《じぶん》たち同士《どうし》で笑《わら》ったり話《はな》したりするときでさえ、いつも目《め》をずらしてた。あの連中《れんちゅう》は、わたしらの向《む》こう側《がわ》やら上《うえ》やら下《した》は見《み》たけど、決《けっ》してまっすぐこっちを見《み》なかった。細長《ほそなが》い目《め》をしていて、奇妙《きみょう》に軽《かる》いチリンチリンというような声《こえ》だったよ。何《なん》をいってるか聞《き》き取《と》れないんだよ。

　しばらくして、ボルティおじさんが前《まえ》に進《すす》み出《で》て、咳払《せきばら》いをして、いちばん上等《じょうとう》の声《こえ》を出《だ》した（おじさんはこの声《こえ》が出《だ》せるので、朝《あさ》の間《ま》の担当《たんとう》に選《えら》ばれたんだよ、わかるでしょ）。『失礼《しつれい》ですが』といったよ（とっても優雅《ゆうが》にね）『お邪《じゃ》魔《ま》して申《もう》し訳《わけ》ありませんが、こんな者《もの》をお見《み》かけになりませんでしたでしょうか……』と、かわいそうなステンレスの様《よう》子《す》を説明《せつめい》していった。愛《あい》らしい顔《かお》の色《いろ》つやから、何《なん》やかやをね。

　注目《ちゅうもく》してもらえる兆《きざ》しはなかった。オーヴァマントルの連中《れんちゅう》は、ただ笑《わら》ったり話《はな》したりしつづけて、まるで舞台《ぶたい》の上《うえ》で演《えん》じているように気取《きど》った態度《たいど》をとっていた。実際《じっさい》、きれいではあったよ（それは否定《ひてい》できないね）。オーヴァマントルの連中独特《れんちゅうどくとく》の長《なが》い首《くび》をした女性《じょせい》もいたね。鏡全体《かがみぜんたい》に当《あ》たった早朝《そうちょう》の太陽《たいよう》の輝《かがや》きが、一様《いちよう》にピンクがかった金色《きんいろ》に連中《れんちゅう》を照《て》らしていた。それはステキだったよ。それに気《き》づかないってことはなかったけど……。

　ボルティおじさんは、怒《おこ》りはじめて顔《かお》がとても赤《あか》くなっていった。『上流《じょうりゅう》だろうと下層《かそう》だろうと、わしらは皆《みな》、借《か》り暮《ぐ》らしじゃないですか』と、大声《おおごえ》でいった。『そして、この小《ち》さい男《おとこ》の子《こ》は』と、ほとんど叫《さけ》ぶようにして『母親《ははおや》の宝物《たからもの》だったんです！』けれども、オーヴァマントルの連中《れんちゅう》は、バカみたいに慌《あわ》てた様子《ようす》で話《はな》し、少《すこ》しだけ笑《わら》いながら細長《ほそなが》い目《め》を横《よこ》に滑《すべ》らせたんだよ。

　ボルティおじさんは突然癇癪《とつぜんかんしゃく》を起《お》こした。『よし、わかった』と、とびきりの声《こえ》は忘《わす》れて、自分《じぶん》の田舎言葉《いなかことば》に戻《もど》って、ほとんどわめくようにいったんだ。『愚《おろ》かな、無気力《むきりょく》なやつらよ！　おえらいのかもしれねえが、覚《おぼ》えておくがいい。台《だい》所《どころ》の床下《ゆかした》には、その上《うえ》に家《いえ》が建《た》てられるしっかりした土《つち》があって、わしらはおまえさんたちよりちゃんと長生《ながい》きするってことよ』

　おじさんが背《せ》を向《む》けて立《た》ち去《さ》ったので、わたしはあとからついていった。ちょっと叫《さけ》んで――何《なん》でだか自分《じぶん》でもよくわからなかったけど。朝《あさ》の間《ま》のカーペットの羊毛《ようもう》は、膝《ひざ》の高《たか》さまであったよ。わたしらがドアの方《ほう》へ歩《ある》いていくとき、背中《せなか》の後《うし》ろはシーンと静《しず》まりかえってた。わたしらは、廊下《ろうか》で待《ま》っていて、しばらく聞《き》き耳《みみ》を立《た》てていた。とっても長《なが》い長い沈黙《ちんもく》の時間《じかん》だったよ」

　アリエッティは何《なに》もいわずに物思《ものおも》いにふけりながら、母《かあ》さんを見《み》つめていました。しばらくすると、ホミリーがため息《いき》をついて話《はな》し始《はじ》めました。「どういうわけか、その朝《あさ》のことが忘《わす》れられないんだよ。考《かんが》えてみれば、たいしたことが起《お》こったわけじゃないのにね。他《ほか》の人《ひと》たちは、とんでもない冒険《ぼうけん》をしてたさ、特《とく》に、寝室《しんしつ》の捜索《そうさく》に行《い》った人《ひと》たちはね。でも、ボルティおじさんは正《ただ》しかったのさ。この家《いえ》の奥《おく》さまが事故《じこ》に遭《あ》ったあと、家《いえ》の大部分《だいぶぶん》は鍵《かぎ》をかけられ、朝《あさ》の間《ま》は全《まった》く使《つか》われなくなった。オーヴァマントルの連中《れんちゅう》は食《く》うに困《こま》っただろうよ。それに寒《さむ》さにもね」と、ホミリーはため息《いき》をついて首《くび》を振《ふ》りました。「気《き》の毒《どく》に、というほかないよね……。その夜《よる》はずっと起《お》きてて知《し》らせが来《く》るのを期待《きたい》して待《ま》ってた、わたしらみたいな子《こ》どももね。捜索隊《そうさくたい》は、一人《ひとり》か二人《ふたり》ずつ帰《かえ》ってきた。全員《ぜんいん》に熱《あつ》いスープが用意《ようい》されていて、欲《ほ》しい人《ひと》にはブランデーもね。母《かあ》さんたちの中《なか》には、心配《しんぱい》ですっかり青《あお》ざめてる人《ひと》もいたけど、滑《すべ》り通路《つうろ》を下《お》りてくる男《おとこ》たちを全員世話《ぜんいんせわ》することに精《せい》を出《だ》して、元気《げんき》な顔《かお》を見《み》せようと気《き》丈《じょう》にふるまってたさ。朝《あさ》になる頃《ころ》には、みんなが家《いえ》に戻《もど》っていた。最後《さいご》に着《つ》いたのは三人《にん》の若者《わかもの》で、たそがれ時《どき》にメイドが窓《まど》を閉《し》めてカーテンを引《ひ》いたので、閉《と》じ込《こ》められちゃったのさ。雨《あめ》が降《ふ》ってきてね。若者《わかもの》たちは、夕食《ゆうしょく》のために二《ふた》人《り》の大《おお》きな人間《にんげん》たちが着替《きが》えをしている間《あいだ》、一時間以上《じかんいじょう》も炉格子《ろごうし》の内側《うちがわ》にしゃがんでたんだ。貴婦人《きふじん》と紳士《しんし》だったんだけどね、二人《ふたり》は着替《きが》えをしながらけんかしてたんだ。「アルジー」って名前《なまえ》の人《ひと》について。アルジーがこうした、ああした、と延々《えんえん》と続《つづ》いたんだって。その間《あいだ》、このかわいそうな若《わか》者《もの》たちは、あぶられるやら、汗《あせ》かくやらしながら、炉格子《ろごうし》の真鍮《しんちゅう》の渦巻《うずま》き模様《もよう》の隙間《すきま》からのぞいて、すべてのことを注《ちゅう》意深《いぶか》く見《み》ていた。すると、貴婦人《きふじん》が自分《じぶん》の髪《かみ》の毛《け》を外《はず》して、椅子《いす》の背《せ》にかけた。借《か》り暮《ぐ》らしたちの驚《おどろ》いたの何《なん》の。もう少《すこ》しすると、紳士《しんし》の方《ほう》が靴下《くつした》を脱《ぬ》いで部屋《へや》の反対側《はんたいがわ》まで投《な》げたので、片方《かたほう》が暖炉《だんろ》の中《なか》に落《お》ちた。借《か》り暮《ぐ》らしたちは震《ふる》え上《あ》がって、靴下《くつした》を見《み》えないところまで引《ひ》っ張《ぱ》り出《だ》した。毛織《けお》りの靴下《くつした》だったから焦《こ》げ始《はじ》める可能性《かのうせい》があり、靴下《くつした》が臭《にお》いを放《はな》つ危険《きけん》を冒《おか》すわけにはいかなかったからね」

「どうやって脱出《だっしゅつ》したの？」

「ああ、そのお客《きゃく》たちがつつがなく夕食《ゆうしょく》に行《い》って、部屋《へや》が空《から》になっちまえば簡単《かんたん》なことさ。その靴下《くつした》をほどいてね――つま先《さき》には穴《あな》が開《あ》いてたけど――廊下《ろうか》の踊《おど》り場《ば》の手《て》すりの間《あいだ》から下《お》りてきたんだ。最初《さいしょ》の二人《ふたり》は難《なん》なく下《お》りた。でも、最後《さいご》の三人目《にんめ》――いちばん年下《としした》の若者《わかもの》だった――は、執事《しつじ》がスフレを運《はこ》んできたので、宙《ちゅう》づりになっちゃった。執事《しつじ》は見《み》上《あ》げなかったし、その若者《わかもの》は手《て》を離《はな》さなかったから、すべては無事《ぶじ》にすんだけどね。

まあ、そんなこんなで、捜索《そうさく》は打《う》ち切《き》られた。わたしらのような子《こ》どもにとっては、生活《せいかつ》は普段通《ふだんどお》りに戻《もど》ったみたいだった。それから、ある日《ひ》の午後《ごご》――土曜日《どようび》だったから一週《しゅう》間後《かんご》だったね。母《かあ》さんがいつも排水管《はいすいかん》を歩《ある》いていって、〝雨《あま》水桶《みずおけ》〟の一家《か》のお茶《ちゃ》に呼《よ》ばれる日《ひ》で、その土曜日《どようび》は、弟《おとうと》を連《つ》れていったから、特別《とくべつ》に覚《おぼ》えているんだよ。そう、とにかく、その日《ひ》は、わたしら二人《ふたり》の女《おんな》の子《こ》、妹《いもうと》とわたしは、家《いえ》の中《なか》で自分《じぶん》たちだけだったんだよ。わたしらの母《かあ》さんはいつでもやるべきことをいいつけて出《で》かけた。で、その午後《ごご》は、ステンレスを偲《しの》ぶための腕章《わんしょう》を作《つく》るために、黒《くろ》い靴《くつ》ひもを一定《てい》の長《なが》さに切《き》ってた。みんなが作《つく》っていたよ。〝敬意《けいい》を表《ひょう》するため〟という指示《しじ》だったからね。それで、わたしらはみんな、三日以内《かいない》に一緒《いっしょ》に着用《ちゃくよう》することになっていた。しばらくすると、悲《かな》しいのを忘《わす》れて、それを縫《ぬ》いながらおしゃべりしたり笑《わら》ったりしてた。とても平穏《へいおん》な時間《じかん》だったよ。わかるだろ。二人《ふたり》で一緒《いっしょ》に坐《すわ》ってて、もうピカピカ光《ひか》る黒《くろ》い虫《むし》の恐怖《きょうふ》もないんだから。

突然《とつぜん》、何《なん》かが聞《き》こえたと思《おも》って、妹《いもうと》が上《うえ》を見上《みあ》げた。『あれは何《なに》？』と、驚《おどろ》いて妹《いもうと》がいった。

わたしらは二人《ふたり》とも部屋《へや》の中《なか》を見回《みまわ》した。それから、妹《いもうと》が叫《さけ》ぶのが聞《き》こえた。妹《いもうと》は天井《てんじょう》の節穴《ふしあな》を見《み》つめていた。わたしも見《み》た。節穴《ふしあな》の中《なか》で何《なに》かが動《うご》いた。黒《くろ》いけど、あの虫《むし》じゃなかった。わたしらは、話《はな》すことも動《うご》くこともできなかった。ただ釘付《くぎづ》けになって坐《すわ》ってた。天井《てんじょう》からわたしらの方《ほう》にうねりながら下《お》りてくる物《もの》を見《み》つめていた。それは、光《ひか》る蛇《へび》のようなもので、うねうねしたりくるくるしたりして、だんだん下《お》りてくるにつれて、むやみやたらに回《まわ》り出《だ》したんで、わたしらは悲鳴《ひめい》をあげて部屋《へや》の隅《すみ》に逃《に》げたよ。わたしらはひしと抱《だ》き合《あ》って、叫《さけ》んだりじっと見《み》たりしていたけど、突然《とつぜん》妹《いもうと》が『しーっ！』といった。わたしらはじっとして耳《みみ》をすました。『誰《だれ》かがしゃべってるのよ』と妹《いもうと》はささやいて、天井《てんじょう》の方《ほう》を見《み》た。それから聞《き》こえてきたんだよ。かすれた声《こえ》で、息《いき》がもれるような、すごくよく知《し》ってる声《こえ》だった。『誰《だれ》だかわかったよ！』とわたしはいった。

わたしたちは怒《いか》り狂《くる》った。知《し》ってるかぎりののしり言葉《ことば》をぶつけた。知《し》ってるかぎりの罰《ばつ》で脅《おど》した。この物《もの》をどこかへやってくれと頼《たの》んだ。でも、彼《かれ》がしたことったら、くすくす笑《わら》っていい続《つづ》けた、バカげた歌《うた》みたいな声《こえ》でね。〝食《た》べてごらん、食《た》べてごらん、すっごくおいしいよ！〟」

「ええっ！　食《た》べたの？」と、アリエッティは驚《おどろ》きました。

ホミリーは顔《かお》をしかめました。「うん。最後《さいご》にはね。そして、おいしかった」そして、しかたなくという感《かん》じでつけ加《くわ》えました。「甘草《かんぞう》アメだったんだよ」（訳者注《やくしゃちゅう》・甘草《かんぞう》から作《つく》った長《なが》いひも状《じょう》の黒《くろ》い菓子《かし》）

「でも、それまでどこにいたのよ？」

「村《むら》の食料雑貨店《しょくりょうざっかてん》さ」

「でも――」と、疑《うたが》うようにアリエッティがホミリーを見《み》ました。「どうやって行《い》ったの？」

「実《じつ》に単純《たんじゅん》なことだったんだ。ドライヴァおばさんが、買《か》い物《もの》カゴを流《なが》し場《ば》へ置《お》いておいた。かかとを直《なお》してもらう靴《くつ》一足《そく》もね。ステンレスは、パセリを借《か》りに行《い》く途中《とちゅう》で、ドライヴァおばさんがやってくる音《おと》を聞《き》いて、すばやくその靴《くつ》の中《なか》に隠《かく》れたんだよ。ドライヴァおばさんは、靴《くつ》を買《か》い物《もの》カゴに入《い》れて、村《むら》まで持《も》っていった。店《みせ》で郵便局長《ゆうびんきょくちょう》とうわさ話《ばなし》をしている間《あいだ》、そのカゴをカウンターに置《お》いたんだ。チャンス到来《とうらい》、とステンレスは這《は》いだした」

「でも、どうやって家《いえ》に戻《もど》ってきたの？」

「もちろん、次《つぎ》にドライヴァおばさんが食料雑貨店《しょくりょうざっかてん》に行《い》くときにさ。ステンレスは、その時《とき》、櫛《くし》の箱《はこ》の中《なか》にいたけど、ドライヴァおばさんのカゴだってことがわかったんだ」

アリエッティは、胸《むね》が痛《いた》むような顔《かお》をして、「かわいそうなステンレス」と、いってから少《すこ》しして「どんな体験《たいけん》をしたんだろ？ 恐《おそ》ろしかったにちがいないわ」

「恐《おそ》ろしかったって！ ステンレスが！ ちがうとも！ ずっと楽《たの》しくやってたんだよ」と、ホミリーは声《こえ》をあげました。「ステンレスは、光輝《ひかりかがや》くほど完璧《かんぺき》に自由《じゆう》で、ナツメ、クルミ・ホイップ（渦巻《うずま》き状《じょう》のホイップ形《がた》に固《かた》めたチョコレート菓子《がし》）、チョコレートバー、鉄砲玉《てっぽうだま》アメやなんかを何《なん》百も何《なん》千も食《た》べてレモネードも飲《の》んで、やりたい放題《ほうだい》の、不埒《ふらち》な、すばらしい一週間《しゅうかん》を過《す》ごしたんだよ。何《なん》で、ステンレスがそんないい目《め》を見《み》れるんだい？」ホミリーの指《ゆび》の間《あいだ》のシフォン生地《きじ》が、ホミリーの怒《いか》りで踊《おど》っているようでした。

「それが、自分《じぶん》たちに問《と》いかけたことだったね。ぜんぜん気《き》に入《い》らなかったよ。わたしらが経験《けいけん》したこと全部《ぜんぶ》を考《かんが》えると、全《まった》くもって、公平《こうへい》じゃないと思《おも》ったよ」ぷんぷんしながら、ホミリーはシフォン生地《きじ》を振《ふ》って、口《くち》をキュッと結《むす》んでたたみ始《はじ》めました。でも、その華奢《きゃしゃ》な絹《きぬ》をなでていると、だんだん動《うご》きが落《お》ち着《つ》いてきて、アリエッティが見《み》ていると、それから突然《とつぜん》、思《おも》い出《だ》したように、少《すこ》し楽《たの》しげに唇《くちびる》の端《はし》を上《あ》げました。「それでもね、一つだけ気《き》がついたことがあったんだ……」少《すこ》し間《ま》を置《お》いてホミリーがいいました。

「どんなこと？」と、アリエッティが聞《き》きました。

「あのすばらしい顔《かお》の色《いろ》つやを失《うしな》ってたんだよ」

（おわり）

＊訳者注―この男の子の名〝ステンレス〟は、本来はステインレスと読み、シミがないという意味があります。同時に金属のステンレスの意味もあり、ナイフ研ぎ器の近くに住んでいた子に相応しい名なので、ステンレスとしました。

子ども文庫の会の単行本

ブラック・サンボくん
ヘレン・バナマンぶん　阪西明子え　山本まつよやく
定価（本体八〇〇円＋税）　送料一二三円

ルーシーのぼうけん
キャサリン・ストーアさく　山本まつよやく　阪西明子え
定価（本体一〇〇〇円＋税）　送料一二八円

ルーシーの家出
キャサリン・ストーアさく　山本まつよやく　阪西明子え
定価（本体一〇〇〇円＋税）　送料一二八円

ギリシアの神々の物語
ロジャー・ランスリン・グリーン著　山本まつよ訳　矢野豊絵
定価（本体一七〇〇円＋税）　送料一二八円

子ども時代にどうしても楽しんでもらいたい「基本図書」といえる一さつ。

ラーマーヤナ
エリザベス・シーガー　山本まつよ＝訳　鈴木成子＝絵
定価（本体一九〇〇円＋税）　送料一二八円

二五〇〇年の間インド、アジア各国で語り継がれてきた香り豊かな叙事詩。

赤ぼうしちゃん　グリム民話
マーレンカ・ステューピカさし絵　山本まつよ訳
定価（本体八〇〇円＋税）　送料一二四円

グリム民話で「赤ずきん」として親しまれてきたお話。愛らしい小型絵本。

ぼくは　なにいろの　ネコ?
ロジャー・デュボアザンさく　山本まつよ訳
A4変型　32ページ
定価（本体一三〇〇円＋税）　送料一二八円
ISBN 978-4-906075-59-1

七〇歳にさしかかったロジャー・デュボアザンが、わたしたちの世界を美しく彩る色について、親しみをこめてわかりやすく子どもに伝えている絵本。黄色、青、赤、黒、白という原色、それらが混ざってできる緑、オレンジ色、紫、茶色、淡いピンクやブルー、灰色が、どんなに生き生きとしているか、それぞれどんな雰囲気を持つ色なのかを、鮮やかな絵とともに語り、混ざりあってこの世界があることを見せる。子ネコのマックスが口をはさむことで、とても身近に感じられる。

子ども文庫の会のパンフレット

ウォルト・ディズニーの功罪
F・C・セイヤーズ文　山本まつよ訳
定価（本体一一〇円＋税）　送料一一〇円

ストーリーテリングについて
ユーラリー・S・ロス文　山本まつよ訳
定価（本体二五〇円＋税）　送料一一〇円

すぐれた絵本
マーシャ・ブラウン文　山本まつよ訳
定価（本体二一〇円＋税）　送料一一〇円

幼い子のための二つのお話
M・スタナード／L・ムーアさく　山本まつよ訳
定価（本体二五〇円＋税）　送料一一〇円

子どものうた
楽譜つきで白秋たちの詩を歌えるように選んだ童謡集。
定価（本体三〇〇円＋税）　送料一一〇円

子どものうた　2
白秋たちによる童謡集。楽譜つき。
定価（本体三〇〇円＋税）　送料一一〇円

定期購読のお願い

「子どもと本」はなるべく定期購読をお願いいたします。誌代（税込）は七〇〇円、送料は一冊ですと一二二円ですので、年間購読料は三二八八円になります。バックナンバーはすべて揃えてございます。

「子どもと本」は左記の書店でお求めになれます。書店さんは、地方・小出版流通センター（FAX　〇三－三二三五－六一八二）にご注文ください。

■東京・阿佐谷……子どもの本や［杉並区阿佐谷南一－四七－七　火・金・日開店
☎〇三－三三一四－三四五五　営業時間　十三時から十六時］
銀座……教文館　子どもの本のみせ　ナルニア国［中央区銀座四－五－一
教文館六階　☎〇三－三五六三－〇七三〇］
渋谷区……代官山　蔦屋書店［渋谷区猿楽町一七－五
☎〇三－三七七〇－二五二五］
ちえの木の実［渋谷区恵比寿西二－三－一四　一・二階
☎〇三－五四二八－四六一一　FAX・〇三－五四二八－四六二一
火曜日定休］
■神奈川・大和市……愛信堂書店［小田急線南林間駅　☎〇四六－二七四－三四三五］
相模原市……よちよち屋［南区松が枝町九－二
☎〇四二－七四六－六一一七］
小田原市……子どもの本箱［神奈川県足柄上郡開成町吉田島九三一
☎〇九〇－四四五三－〇一五八　木・金・土曜日のみ］
■千葉……子どもの本の専門店　会留府［千葉市中央区長洲一－一〇－九
☎〇四三－二二七－九一九二］
■新潟……紀伊國屋書店新潟店［新潟市中央区万代一－五－一　ラブラ万代六階　☎〇二五－二四一－五二八一］
■福島……カシオペイア書店［郡山市堤一－八八堤マンション一－一〇二
☎〇二四－九五二－七五八三］
■富山……プー横丁［富山市太田口通り三－三－一一
☎〇七六－四二一－〇〇一〇　FAX・〇七六－四二四－一三三二］
■静岡……百町森書店［静岡市葵区鷹匠一－一四－一二
☎〇五四－二五一－八七〇〇］
■大阪……紀伊國屋書店梅田店［北区阪急三番街
☎〇六－六三七二－五八二一］
■西宮……シオサイ［南昭和町一〇－一九　☎〇七九八－六四－八五五二］
■神戸……ジュンク堂　三宮店［中央区三宮町一－六－一八
☎〇七八－三九二－一〇〇一］
■広島……紀伊國屋書店広島店［広島市中区基町広島センター街
☎〇八二－二二五－三二三二］
■北九州……どうぶつ島［小倉南区高津尾六五－一
☎〇九三－四五二－二二一三］
■福岡……子どもの本や［福岡市南区長丘三－七－二四
☎〇九二－五五二－一六五一］
■長崎……こどもの本の店　童話館［長崎市南山手町二－一〇
☎〇九五－八二八－〇七一六］

＊次回の初級セミナーは、九月から始めます。絵本、わらべうた、詩、日本の昔話、西洋の昔話、ファンタジーを六回に分けて読んでいくセミナーです。この他に五月二十四日（土）五月二十五日（日）の二日間、不定期セミナーを行います。ご興味がおありの方はお気軽にお問い合わせください。ホームページにも載せています。

＊本誌第一三三号から一三七号に連載した「おばあさんの手紙――日系人強制収容所での子どもと本」が、「ディスカバー・ニッケイ」という様々な日系人の方の経験談やインタビューなどが載っているサイトに掲載されています。本誌未掲載の写真も多数あり、ブロケットさんの記事に出てきた方のインタビュー画像も見ることができます。https://www.discovernikkei.org/ja/journal/2015/2/2/obaasan-no-tegami-1/

季刊　子どもと本　第一八一号
二〇二五年四月三〇日発行
本体価格六三七円＋税［送料一二二円］
■発行人……青木祥子
■装幀……今垣知沙子
■印刷製本……株式会社　太平印刷社
発行　一般財団法人　子ども文庫の会
東京都渋谷区元代々木町四九－一三
セブンスターマンション代々木八幡二〇二
〒一五一－〇〇六二
電話〇三－三四六六－二七九五　振替〇〇一三〇－七－一四二八八七
e-mail : kodomobunkonokai@syd.odn.ne.jp
https://www.kodomobunkonokai.com
ISBN　978-4-906075-86-7

9784906075867

1920002006376

ISBN978-4-906075-86-7
C0002 ¥637E

一般財団法人　子ども文庫の会
本体価格637円+税